www.ingramcontent.com/pod-product-compliance
Lightning Source LLC
LaVergne TN
LVHW051113051026
849532LV00004BB/1532
* 9 7 8 9 3 5 8 7 2 1 4 9 2 *

آل احمد سرور کی آپ بیتی

''خواب باقی ہیں'' کا تنقیدی مطالعہ

(تحقیق و تنقید)

محمد عبدالماجد

Aal Ahmed Suroor ki Aap biti Khawb baqi hain ka Tanqidi Mutalea
by: Dr. Mohammed Abdul Majid
Edition: September '2023
Publisher& Printer:
Taemeer Publications, Hyderabad.

ISBN 978-93-5872-149-2

کتاب	:	**آل احمد سرور کی آپ بیتی 'خواب باقی ہیں' کا تنقیدی مطالعہ**
مصنف	:	**محمد عبدالماجد**
صنف	:	تحقیق و تنقید
ناشر	:	تعمیر پبلی کیشنز (حیدرآباد، انڈیا)
سالِ اشاعت	:	۲۰۲۳ء
تعداد	:	(پرنٹ آن ڈیمانڈ)
صفحات	:	۱۱۲
کمپوزنگ	:	شفیع سلمان، الامیر گرافکس، جگتیال
سرورق	:	تعمیر ویب ڈیزائن

انتساب!

میرے والدین اور اساتذہ کے نام!
جن کے فیض تربیت نے مجھے علم کو حاصل کرنے اور اسے
زندگی میں برتنے کا سلیقہ سکھایا۔

فہرست مضامین

حرف آغاز

آل احمد سرور اردو کے قد آور نقاد، ادیب اور شاعر گذرے ہیں۔ انہوں نے اپنی تحریروں سے اردو تنقید کا دامن وسیع کیا۔ ان کا ایک بڑا کارنامہ ہندوستان میں اقبال کے ذکر کو عام کرنا ہے۔ ایک ایسے دور میں جب کہ آزادی اور ملک کی تقسیم کے بعد ہندوستان میں اقبال کا نام لینے کو گناہ سمجھا جاتا تھا۔ انہوں نے اقبالیات پر وسیع تر مضامین لکھے۔ سرور کی آپ بیتی ''خواب باقی ہیں'' کے عنوان سے شائع ہوئی۔ اردو ادیبوں کی سوانح اور آپ بیتیاں اپنے اندر دلچسپی کا سامان رکھتی ہیں۔ سرور نے طویل عمر پائی تھی اور زندگی کے آخری پڑاؤ میں انہوں نے اپنی آپ بیتی لکھی۔ جس میں اپنے حالات زندگی کے ساتھ ان کے عہد کے سماجی و ادبی حالات ملتے ہیں۔ زیر نظر کتاب میں اسی آپ بیتی کا تنقیدی جائزہ ''آل احمد سرور کی آپ بیتی خواب باقی ہیں کا تنقیدی مطالعہ'' کے عنوان سے پیش کیا جارہا ہے۔ ساتھ میں سرور کے حالات زندگی اور سوانح نگاری کے فن اور روایت پر بھی روشنی ڈالی گئی ہے۔ ادیبوں کے حالات زندگی کا مطالعہ میرا محبوب مشغلہ رہا۔ اسی سلسلے کی کڑی کے طور پر یہ تحقیقی و تنقیدی کتاب اشاعت کے مراحل سے گذر رہی ہے۔ امید ہے کہ ادب کے باذوق قارئین میری اس کاوش کو پسند کریں گے۔

محمد عبدالماجد

باب اول

آل احمد سرور۔ حالات زندگی

پروفیسر آل احمد سرور اردو شعر و ادب کے ایک نامور نقاد، صاحب طرز ادیب، اچھے شاعر، فعال صحافی، سوانح نگار، مفکر، مبصر، مدبر، غیر معمولی دانشور، اردو تحریک کے معتبر راہ نما، مشترکہ ہندوستانی تہذیب کے علمبردار، نکتہ شناس، قابل استاذ، بہترین منظّم اور لائق انسان گذرے ہیں۔ اُن کی شخصیت اور خدمات کا دائرہ مختلف جہات پر محیط رہا۔ وہ اپنی ذات میں ایک انجمن ہی نہیں بلکہ اُن کی شخصیت ایک مینارہ نور اور کئی انجمنوں کا مجموعہ تھی۔ وہ علم و ادب، تہذیب و ثقافت اور انسانیت کے ایک ایسے رودِرواں تھے جس سے زندگی کے کئی شعبے سیراب ہوئے اور ہو رہے ہیں۔ وہ ایک نابغہ روزگار شخصیت کے مالک تھے۔ سرزمین ہندوستان کو یہ اعزاز حاصل رہا ہے کہ ہر زمانے میں یہاں زندگی کے مختلف شعبوں میں کارہائے نمایاں انجام دینے والی شخصیتوں کا ظہور ہوتا رہا۔ شہنشاہ سخن میر تقی میرؔ نے ایسی شخصیات کے بارے میں کہا تھا کہ

مت سہل ہمیں جانو پھرتا ہے فلک برسوں
تب خاک کے پردے سے انسان نکلتے ہیں

کچھ اس طرح کا خیال پیش کرتے ہوئے سرورؔ نے خود کہا کہ

ستارے کتنے یہاں ڈوبتے ابھرتے ہیں
کبھی کبھی ہی نکلتا ہے آفتاب کوئی

واقعی سرور صاحب علم و ادب، فکر و دانشمندی کا ایک ایسا آفتاب تھے۔ جو صدیوں میں طلوع ہوتا ہے۔

اُردو شعروادب کے روشن ستاروں میں جہاں میرؔ، غالبؔ، انیسؔ، اقبالؔ، سرسیدؔ، حالیؔ، شبلیؔ، فانیؔ، اکبرؔ، آزادؔ، جگرؔ، جوشؔ، فراقؔ، فیضؔ وغیرہ کا شمار ہوتا ہے وہیں آل احمد سرور اپنے عہد کے شعرا اور ادیبوں، نقادوں اور دانشوروں میں صدر محفل کی حیثیت رکھتے تھے۔ سرور صاحب کا دوسرا تعارف علی گڑھ کے حوالے سے بھی ہے سرسید احمد خان نے یہاں مسلمانوں کی اعلیٰ تعلیم کیلئے مسلم یونیورسٹی قائم کی۔ آج علی گڑھ اسی یونیورسٹی کی وجہ سے جانا جاتا ہے۔ ابتداء میں اکبرؔ جیسے لوگوں نے سرسید کی شدید مخالفت کی تھی لیکن تعلیم کے ثمرات دیکھ کر انہیں بھی کہنا پڑا تھا۔

جی میں آتا ہے علی گڑھ جا کے سید سے کہوں

مجھ سے چندہ لیجئے مجھ کو مسلماں کیجئے

علی گڑھ کے متوالوں میں رشید احمد صدیقی کے بعد آل احمد سرور کا نام آتا ہے۔ سرور صاحب علی گڑھ کے سچے عاشق اور سرسید کی اصلاحی تحریک کے ہمنوا تھے۔ وہ علی گڑھ کو اس قدر چاہتے تھے کہ پہلے اُس نے سرور صاحب کو اردو دنیا سے متعارف کروایا بعد میں علی گڑھ سرور صاحب کے نام سے جانا جانے لگا۔ آل احمد سرور کی حیات اور اُن کے علمی و ادبی کارنامے اُردو تنقید کے لئے خصوصاً اور عمومی طور پر اُردو والوں کیلئے مشعل راہ ہیں۔ ذیل میں آل احمد سرور کی حیات، شخصیت اور اُن کے علمی و ادبی کارنامے پیش کئے جا رہے ہیں۔

آباء و اجداد:- آل احمد سرور کے آباء و اجداد کا تعلق مصر کے علاقے فرشور سے تھا۔ اور اُن کا سلسلہ نسب حضرت عبدالرحمٰن بن ابوبکرؓ سے ملتا تھا۔ اُن کے آباء و اجداد صدیقی شیوخ تھے۔ اور فرشور مصر سے نقل مقام کر کے ہندوستان آ گئے اور یہیں پیوند خاک ہوئے۔ اُن کے خاندان کی ایک شاخ آج بھی اپنے نام کے ساتھ فرشوری لکھتی ہے۔ سرور کے پردادا کے والد شاہ ذاکر اللہ مشہور صوفی

بزرگ تھے۔ جبکہ پردادا بھی اللہ والے فقیر منش آدمی تھے۔ سرور صاحب کے دادا حافظ محمد احمد سیدھے سادے مذہب پرست انسان تھے۔ صوم صلوٰۃ کے پابند تھے۔ مارہرے کے قادری سلسلے میں بیعت تھے حج کے لئے گئے تھے۔ واپسی میں اُن کا انتقال ہوگیا۔ اس وقت اُن کی عمر پچاس سال تھی۔ سرور صاحب کے اسلاف ابتداء میں سرسید کے مخالف تھے۔ لیکن اُن کے دادا حافظ محمد احمد نے یہ روایت توڑی اور اپنے بچوں کو سرسید کے ایم۔اے۔او کالج میں داخل کرایا۔ بنیادی طور پر سرور صاحب کا خاندان مذہبی تھا۔ معاشی اعتبار سے اُن کا خاندان متوسط طبقہ میں شمار کیا جاتا تھا۔ اُن کے ہاں چھوٹی سی زمین داری تھی۔ سرور صاحب کے دادا حافظ محمد احمد کی اولاد میں کرم احمد تھے۔ یہ سرور کے والد تھے کرم احمد اپنے والد کے برخلاف کسی سے بیعت نہیں تھے۔

والدین :- سرور صاحب کے والد کا نام کرم احمد تھا۔ یہ بھی اپنے بزرگوں کی طرح مذہبی آدمی تھے اور احکام شریعت کی بڑی پابندی کیا کرتے تھے۔ کرم احمد کا حافظہ بہت اچھا تھا جو بھی تحریر ایک دفعہ پڑھ لیتے ذہن نشین کر لیتے تھے۔ مطالعہ کے بہت شوقین تھے۔ ہر وقت مطالعہ میں غرق رہتے تھے۔ اُن کے والد حافظ محمد احمد نے روایت سے بغاوت کرتے ہوئے انہیں اعلیٰ تعلیم کیلئے سرسید احمد خاں کے قائم کردہ ایم۔اے۔او کالج علی گڈھ میں داخلہ دلوایا۔ تاہم اپنے والد کی بے وقت موت نے انہیں انٹرنس کامیاب کرنے کے بعد ترک تعلیم کیلئے مجبور کیا۔ انہوں نے صرف ایف۔اے کیا۔ اور انہیں ملازت اختیار کرنی پڑی۔ کرم احمد محکمہ ڈاک میں ملازم ہوگئے۔ ملازمت کے سلسلے میں وہ یوپی کے مختلف شہروں بدایوں، آگرہ، غازی پور، میرٹھ، پیلی بھیت، الہ آباد، بجنور، سیتاپور، گونڈہ اور علی گڈھ وغیرہ میں رہے۔ کرم احمد کی شادی بدایوں کے مشہور رئیس مولوی حامد بخش کی بیٹی تنویر فاطمہ سے ہوئی۔ یہ سرور کی والدہ تھیں۔ بے حد سیدھی سادی، کم سخن اور سنجیدہ خاتون تھیں۔ انہوں کچھ زیادہ تعلیم حاصل

نہیں کی تھی۔ اس زمانے کے رواج کے مطابق انہیں صرف دینی تعلیم دلوائی۔ وہ نیک اور خوش اخلاق خاتون تھیں۔ سرور کے والد کرم احمد نے محکمہ ڈاک میں طویل مدت تک خدمات انجام دیں۔ پوسٹ ماسٹر فرسٹ گریڈ کے عہدے پر ترقی پائی۔ ۱۹۴۱ء میں وظیفہ پر سبکدوش ہوئے۔ کرم احمد کا انتقال ۱۹۷۱ء میں ہوا۔ انہوں نے ۸۶ سال عمر پائی۔ اُن کی آخری آرام گاہ علی گڈھ میں ہے۔ سرور صاحب کا ننھیال بہت دولت مند اور خوشحال تھا۔ اُن کے نانا مولوی حامد بخش ایک رئیس خاندان سے تعلق رکھتے تھے وہ شہر کے زمیندار اور میونسپل بورڈ کے وائس چیرمین تھے۔ سرور صاحب کا دادھیال بدایوں کے مولوی ٹولے علاقے میں تھا تو اُن کا ننھیال محلّہ سوتھ میں تھا۔

بھائی بہن :- کرم احمد اور تنویر فاطمہ کو خدا نے اٹھارہ اولادیں دیں۔ لیکن اُن میں سے بارہ جلد ہی فوت ہوگئیں۔ سرور کے بشمول چھ اولادوں کو طویل عمر ملی۔ کرم احمد کے بڑے بھائی ابن احمد تھے۔ جن کا انتقال ۱۹۷۰ء میں ہوا۔ ایک بڑی بہن بیوہ تھیں۔ جن کا انتقال ۱۹۳۵ء میں ہوگیا۔ سرور کی چھوٹی بہن نے ۱۹۶۶ء میں داعی اجل کو لبیک کہا۔ ایک بھائی علی گڈھ مسلم یونیورسٹی میں معاشیات کے ریڈر رہے۔ چھوٹی بہن نے کراچی پاکستان میں قیام کیا۔

ولادت :- آل احمد سرور ۱۵ ر رمضان المبارک ۱۳۲۹ھ م ۹ ر ستمبر ۱۹۱۱ء کو شمالی ہند کی ریاست اتر پردیش کے علاقہ پیلی بھیت ضلع بدایوں میں پیدا ہوئے۔ بدایوں مغربی اتر پردیش کا تاریخی شہر ہے۔ خلیل الرحمٰن اعظمی کو دیئے گئے ایک انٹرویو میں آل احمد سرور نے اپنے وطن کے بارے میں اظہار خیال کرتے ہوئے کہا کہ:

”شائد یہ بات تو آپ کو معلوم ہی ہے کہ میرا آبائی وطن بدایوں ہے۔ بدایوں ایک تاریخی شہر ہے اور وہاں کے کھنڈر اور ٹوٹی پھوٹی حویلیاں اب بھی اُس کی گزشتہ عظمت کی یاد دلاتی ہیں۔ یہ بستی قدیم

زمانے سے علماء وفضلا، شعرا اور صوفیائے کرام کا مرکز رہی ہے۔ میرے بچپن کا زمانہ وہیں گذرا میں نے جب آنکھ کھولی تو گھر گھر شعر وشاعری کا چرچا تھا۔ آئے دن مشاعرے ہوتے جس میں باہر سے مشہور شعرا شریک ہونے کیلئے آتے اور بدایوں کے چھوٹے بڑے سبھی اپنا کلام سناتے۔ وہاں بزرگوں کے مزار بڑی کثرت سے ہیں۔ جن کے عرس بڑی دھوم دھام سے منائے جاتے ہیں۔ بدایوں کی تہذیبی وسماجی زندگی میں ان عرسوں کی بڑی اہمیت ہے۔ اس موقع پر کھیل تماشے اور میلے ٹھیلے کے علاوہ مشاعروں کا بھی رواج تھا۔[1]

بدایوں کی تاریخی اہمیت اور کئی لحاظ سے بھی ہے۔ یہاں فتح دہلی سے پہلے کے مسلمانوں کی نوآبادی کیآثار ملتے ہیں۔ اور عہد سلطنت میں اس شہر کو **قبلة الاسلام** کہا جاتا تھا۔ بعد میں اسے **مدینة الاولیاء** کہا جانے لگا۔ اس شہر سے کئی ممتاز ہستیوں کے نام وابستہ ہیں۔ تصوف میں حضرت خواجہ نظام الدین اولیاؒ، حدیث کے میدان میں علامہ رضی الدین حسن صغاری، شعر وادب میں فانی بدایونی ضیاء احمد بدایونی، ڈاکٹر ابواللیث صدیقی، علامہ حیرت بدایونی، محترمہ جیلانی بانو وغیرہ شامل ہیں۔ آل احمد سرور کا وطن یہی بدایوں شہر تھا۔ آل احمد سرور کے تاریخی پیدائش میں اختلاف اس وقت ہوا جبکہ ۷ ار جنوری ۱۹۲۱ء کو اُن کا نام پیلی بھیت کے گورنمنٹ ہائی اسکول کے تیسرے درجے میں داخلے کیلئے درج کیا گیا۔ اُس وقت اُن کے والد نے اُن کا تاریخ پیدائش ۷ ار اکتوبر ۱۹۱۲ء درج کرایا۔ جو درست نہیں ہے۔ بعد کے محققین میں اسی بناء آل احمد سرور کے تاریخ پیدائش کے تعین کے سلسلہ میں اختلاف پایا جاتا ہے۔ اردو کی نامور محقق پروفیسر سیدہ جعفر لکھتی ہیں کہ :

''آل احمد سرور پیلی بھیت میں ۱۱ر اگست ۱۹۱۲ء میں پیدا ہوئے۔''[2]

پروفیسر سیدہ جعفر نے یہ بات احتشام حسین کی کتاب ''اردو ادب کی تنقیدی تاریخ کے حوالے

سے لکھی۔ جب کہ پروفیسر سیدہ جعفر کے زیرنگرانی عابد النساء نے ایم فل کی ڈگری کیلئے ایک تحقیقی مقالہ ''پروفیسر آل احمد سرور حیات اور ادبی خدمات'' کے نام سے لکھا جو ۱۹۷۰ء میں کتابی صورت میں شائع ہوا۔ اس کتاب میں عابد النساء نے آل احمد سرور کا تاریخ پیدائش ۱۱؍اگست سنہ ۱۹۱۱ء لکھا۔ ۷؍فروری ۲۰۰۲ء کو آل سرور کی یاد میں روز نامہ سیاست کے ادبی سپلمنٹ کا سرور نمبر شائع ہوا۔ اس میں آل احمد سرور سے متعلق پروفیسر نثار احمد فاروقی، پروفیسر سلیمان اطہر جاوید، مولانا محمد رضوان القاسمی اور ڈاکٹر ابرار رحمانی کے مضامین شامل ہیں۔ ان مضامین میں آل احمد سرور کے تاریخ اور سنہ پیدائش کے بارے میں اختلاف واضح دکھائی دیتا ہے۔ اسی اختلاف کو اُجاگر کرتے ہوئے حیدرآباد سے تعلق رکھنے والے ایک محقق اور اپنے معلوماتی مراسلوں کے ذریعہ ادبی مسائل کی طرف توجہ دلانے والے ڈاکٹر م۔ق۔ سلیم نے ۲۵؍فروری ۲۰۰۲ء کے سیاست ادبی سپلمنٹ میں پروفیسر آل احمد سرور کے صحیح سنہ پیدائش کے تعین کے سلسلہ میں بنیادی سوال اُٹھایا۔ اس ضمن میں وہ لکھتے ہیں:

''اتنے بڑے ادیب، مفکر اور نقاد کی تاریخ پیدائش کے بارے میں متضاد رائے ہے۔ ادبی ڈائری میں پروفیسر سلیمان اطہر جاوید سنہ پیدائش ۱۹۱۱ء بتائے ہیں۔ مولانا رضوان القاسمی نے اپنے مضمون میں ۹؍ستمبر ۱۹۱۱ء ہی لکھا ہے۔ جبکہ ''آل احمد سرور ایک نظر'' میں ڈاکٹر ابرار رحمانی کے مضمون کے نیچے سنہ پیدائش ۹؍ستمبر ۱۹۱۲ء بتائی گئی ہے۔ اور پروفیسر نثار احمد فاروقی نے بھی ۹؍ستمبر ۱۹۱۲ء بدایوں ہی لکھا ہے۔ جبکہ ۱۶؍اکتوبر ۲۰۰۰ء کو شائع پروفیسر سیدہ جعفر کا مضمون ''آل احمد سرور'' میں انہوں نے ایک نئی تاریخ ۱۱؍اگست ۱۹۱۲ء لکھا ہے۔ اور جائے پیدائش پیلی بھیت درج کی مندرجہ بالا چار مضامین ۷؍فروری کے ہیں۔ اور چار مضامین میں چار علحدہ باتیں ہیں۔ بدایوں سے پیلی بھیت کا فاصلہ ۱۰۰ کلو میٹر سے زیادہ ہے اصل تاریخ پیدائش کیا ہے اور مقام پیدائش کیا ہے۔'' [۴]

بیسویں صدی میں پیدا ہونے والے اردو کے ایک نامور ادیب و نقاد کے سنہ پیدائش کے

تعین کے سلسلے میں اردو کے ادیبوں، محققین اور نقادوں کی رائے میں اختلاف تعجب خیز امر ہے۔ م۔ق سلیم نے اس ضمن میں اُصولی سوال اُٹھائے۔

تاریخ پیدائش کے تحفظ اُس کی اہمیت کے سلسلے میں چند اصولی باتیں مدنظر رکھنی چاہئے۔ سب سے پہلے یہ کہ ہندوستان میں ۱۹۷۰ء کے بعد حقیقی تاریخ پیدائش کی پیشکشی پر زور دیا جانے لگا۔ اور اُس کیلئے پیدائش کا صداقت نامہ (Birth Certificate) سرکاری محکمے کی طرف سے جاری کیا جانیلگا۔ اس سے قبل اسکول کے ریکارڈس میں والدین کی جانب سے دی گئی تاریخ کو ہی کسی بچے کی تاریخ پیدائش تسلیم کیا جاتا تھا۔ پہلے زمانے میں مسلمانوں میں بچے کی تسمیہ خوانی پانچویں سال میں ہوتی تھی۔ اس کے بعد گھر پر دینی اور مشرقی علوم کی تعلیم کا نظم رہتا تھا۔ پھر اسکول میں داخلے کا مرحلہ آتا تھا۔ چنانچہ عام طور سے والدین کی یہ نفسیات ہوا کرتی تھی کہ بچے کی عمر کم کر کر لکھوائی جائے تا کہ بچے کو ملازمت کے دوران نقصان نہ ہو۔ کیونکہ وظیفہ کیلئے حد عمر مقرر ہوا کرتی ہے۔ بہت کم مثالیں ایسی ہیں جن میں کسی کی عمر کم کر کے لکھوائی گئی ہو۔ جہاں تک حقیقی تاریخ پیدائش کا ریکارڈ رکھنے کا معاملہ ہے خاندان کا کوئی ایک فرد کسی ڈائری یا کتاب میں خاندان میں پیدا ہونے والے بچوں کی تاریخ پیدائش، سنہ، دن وقت ولادت اور سال ھجری، عیسوی اور فصلی میں لکھا کرتا ہے۔ کبھی کسی خاص موقع پر یہ ریکارڈ کھول کر دیکھا جاتا۔ لیکن مدارس میں داخلے کے وقت عام طور سے عمر بڑھا کر لکھوائی جاتی تھی۔

آل احمد سرور نے اپنی سوانح میں خود یہ واضح کر دیا کہ اُن کا تاریخ پیدائش ۹ رستمبر ۱۹۱۱ء ہے۔ تاہم اسکول میں ۱۷ اکتوبر ۱۹۱۲ء درج کرایا گیا۔ اگر آل احمد سرور اپنا پہلا تاریخ پیدائش نہیں ظاہر کرتے تو اُن کے اسکول کے ریکارڈ کے مطابق ہی اُن کی تاریخ پیدائش اور سنہ کا تعین ہو جاتا۔ دوسری اہم بات یہ ہے کہ وہ ۱۵ ر رمضان المبارک کو پیدا ہوئے تھے۔ عموماً چاند کی تاریخوں میں لوگ دیگر مہینوں کی تواریخ یاد رکھیں یا نہ رکھیں ماہ رمضان کی تاریخیں اچھی طرح یاد رکھتے ہیں۔ اس طرح ماہ

رمضان کی مناسبت سے اُن کے تاریخ پیدائش کے تعین کے سلسلے میں غلط فہمی یا غلط بیانی کا احتمال کم ہے۔ تحقیق کے میدان میں خارجی دلائل کو اُسی وقت قبول کیا جاتا ہے جب کہ داخلی شہادت نہ ہو۔ یہاں آل احمد سرور کے تاریخ پیدائش کے ضمن میں داخلی شہادت واضح طور پر موجود ہے۔ اسلئے میری رائے میں اُن کا حتمی تاریخ پیدائش ۹ ستمبر ۱۹۱۱ء ہی ہے۔ اور ۷ا اکتوبر ۱۹۱۲ء والی تاریخ اسکولی ضرورت کیلئے استعمال کی گئی۔ اسطرح اردو کے محققین نے آل احمد سرور کے تاریخ پیدائش کے ضمن میں کوتاہی برتی ہے۔ جہاں تک سرور کے جائے پیدائش کا معاملہ ہے وہ پیلی بھیت ہی ہے۔ جو بدایوں کے تحت آتا ہے عام طور سے جب کسی ادیب کو قومی اور بین الاقوامی شہرت مل جاتی ہے تو اُس سے وابستہ بڑے شہروں کے نام لئے جاتے ہیں۔ چنانچہ سرور نے بھی بیشتر مقامات پر اپنا جائے پیدائش بدایوں بتایا ہے جبکہ پیلی بھیت بدایوں ضلع کا ہی حصہ ہے۔ اسلئے پیلی بھیت اور بدایوں کو الگ نہیں سمجھنا چاہئے۔

نام :- ۹ ستمبر ۱۹۱۱ء کو کرم احمد اور تنویر فاطمہ کے گھر جس لڑکے نے آنکھ کھولی اُس کا نام خاندان کے ایک بزرگ کے نام پر آل احمد رکھا گیا۔ آل احمد کے بڑے بھائی کا نام ابن احمد تھا۔ نام کے ساتھ احمد کنیت کا استعمال سرورؔ کے دادا حافظ محمد احمد سے اُن کے خاندان میں چلا آیا۔ آل احمد نے آگے چل کر اپنا قلمی نام اور تخلص سرورؔ رکھا۔ ابتداء میں انہوں نے ارشدؔ تخلص اختیار کیا لیکن آگے چل ک اپنا تخلص سرورؔ کرلیا۔ اور علمی دنیا میں آل احمد سرورؔ کے نام سے جانے جاتے ہیں۔

ابتدائی تعلیم :- آل احمد سرور کا بچپن پیلی بھیت، بجنور، سیتاپور، گونڈہ اور غازی پور میں گذرا۔ کیونکہ اُن کے والد کرم احمد کو ملازمت کے سلسلے میں مختلف مقامات کی سکونت اختیار کرنی پڑی تھی۔ کرم احمد جہاں بھی جاتے اپنے خاندان کو ساتھ رکھتے تھے۔ اس وقت کی روایت کے مطابق سرور کی تعلیم کا

آغاز تسمیہ خوانی کے بعد ہوا۔ پانچ سال کی عمر میں انہیں مکتب بھیجا جانے لگا۔مکتب میں ناظرہ قرآن پڑھایا گیا۔ آمد نامہ اور گلستان کے کچھ ابواب پڑھے۔ یہ ابتدائی تعلیم بدایوں میں ہوئی پھر اُن کے والد کا تبادلہ پیلی بھیت میں ہو گیا۔ ۱۹۲۰ء کے آخر میں سرور نے مکتب میں قرآن شریف ختم کر لیا تھا۔ اس کے بعد اُن کی اسکولی تعلیم کا آغاز ہوا۔ چنانچہ ۱۷ر جنوری ۱۹۱۲ء کو گورنمنٹ ہائی اسکول پیلی بھیت میں تیسرے درجے میں اُن کا داخلہ کرایا گیا۔ اس دوران اُن کے والد بدایوں، بجنور، سیتاپور اور گونڈہ اور غازی پور منتقل ہوتے رہے۔ اور سرور کی تعلیم بھی ان مقامات پر ہوتی رہی۔ جب گونڈہ سے اُن کے والد کا تبادلہ غازی پور ہوا۔ تب سرور ساتویں درجے میں تھے۔ غازی پور کے کوئین وکٹوریہ ہائی اسکول سے انہوں نے ۱۹۲۸ء میں ہائی اسکول کا امتحان کامیاب کیا۔

بچپن کی یادیں:- ہر انسان کو اُس کا بچپن عزیز ہوتا ہے اور وہ زندگی کے ہر موڑ پر کہیں نہ کہیں بچپن کی یادوں کے سہارے اپنا جی بہلاتا ہے۔ سرور نے بھی اپنی خودنوشت سوانح ''خواب باقی ہیں'' میں اپنےبچپن کے واقعات بیان کئے ہیں۔ جس سے اُن کے عادات واطوار اور علمی استعداد اور ذہانت و فطانت اور اُن کے مشاغل کا پتہ چلتا ہے۔

آل احمد سرور بچپن ہی سے تیز تھے انہیں اپنے والد سے ذہانت ورثے میں ملی تھی۔ اُن کا حافظہ بہت تیز تھا۔ پڑھائی میں سب سے آگے رہتے تھے حافظہ کا یہ عالم تھا کہ درجے میں ایک مرتبہ جو سبق پڑھایا جاتا وہ ذہن پر نقش ہو کر رہ جاتا۔ اپنے بچپن کے ایک واقعہ کا ذکر کرتے ہوئے لکھتے ہیں:

''ایک دفعہ سنیچر کے دن ماسٹر نے کہا کہ پیر کو آموختہ سنا جائے گا۔ اور پورا سبق دو دفعہ پڑھ لیا جائے۔ پیر کو امتحان ہوا میں نے ہر سوال کا تسلی بخش جواب دیا تھا۔ پوچھنے پر بتایا کہ ایک دفعہ سبق پڑھا تھا۔ ماسٹر نے اس پر مارا کہ جب دو دفعہ پڑھنے کو کہا تھا تو ایک دفعہ کیوں پڑھا۔ لطف یہ ہے کہ ایک دفعہ بھی

نہیں پڑھا تھا۔'' ۵؎

سرور کو عام بچوں کی طرح ابتداء میں کھیل کود سے دلچسپی رہی۔ لیکن آہستہ آہستہ اُن کی دلچسپی کھیل سے زیادہ مطالعہ کی طرف ہوتی گئی۔ بچپن میں اُنہوں نے گلی ڈنڈا بھی کھیلا۔ انہیں بڑے بوڑھوں کی باتیں سننے میں مزہ آتا تھا۔ سرور نے ایسے ماحول میں پرورش پائی جہاں شعر وادب کا چرچا تھا۔ گھر میں بیت بازی کا رواج تھا۔ جس میں گھر کے سبھی افراد حصہ لیتے تھے۔ بیت بازی کے اسی شوق نے اُن میں شاعری کا ذوق پروان چڑھایا۔

کتب بینی اور بیت بازی کے علاوہ سرور کو عرسوں میں شرکت کا شوق تھا۔ بدایوں میں کئی بزرگوں کے مزارات ہیں اور آئے دن وہاں اعراس منعقد ہوا کرتے تھے۔ جن میں محفل سماع اور قوالی کی محفلیں جمتی تھیں۔ سرور ان محفلوں میں شرکت کرتے تھے۔ سرور کے مطالعہ کا ذوق پروان چڑھتا رہا۔ وہ اکثر اپنے والد کی انگریزی یا اُردو کی کتابیں چُھپا کر پڑھنے لگتے تھے۔ جس کی وجہ سے انہیں مار بھی کھانی پڑی۔ مگر اُن کی عادت نہ چھوٹی۔ اسی شوق کی بناء پر کم سنی ہی میں اردو ادب کی کئی کتابیں پڑھ ڈالیں۔ اور نذیر احمد کی ''مراۃ العروس''، توبتہ النصوح اور الف لیلیٰ جیسی کتابیں پڑھیں۔ ایک دفعہ ''فسانہ آزاد'' کا مطالعہ کرتے ہوئے پکڑے گئے۔ اور مار کھائے۔ اسی طرح ادبی کتابوں کے مطالعہ کے دوران اپنی کیفیت بیان کرتے ہوئے سرور لکھتے ہیں:

''ایک دفعہ ایسا ہوا کہ گرمیوں کی چھٹیوں میں طلسم ہوشربا کی کئی جلدیں اور تاریخ ابن خلدون کے کئی حصے مل گئے۔ میرا برا حال تھا کبھی ایک کو صبح سے دوپہر تک پڑھتا۔ کبھی دوپہر سے شام تک دوسری کو کچھ سمجھتا تھا کچھ نہیں مگر پڑھ سب جاتا تھا''۔ ٦؎

سرور صاحب کے والد کرم احمد ۱۹۱۷ء اور ۱۹۱۸ء کے درمیان میرٹھ میں تعینات تھے۔ اس وقت سرور کی گھریلو تعلیم جاری تھی۔ اس زمانے کا ایک دلچسپ واقعہ بیان کرتے ہوئے سرور لکھتے ہیں:

''پڑوس میں ایک مسلمان گھرانہ بھی تھا۔جس میں ایک لڑکی مجھ سے دو تین بڑی تھی ۔اس کا نام غالباً عائشہ رہا ہوگا۔مگر ہم لوگ اُسے آشا کہتے ۔یہ لڑکی اکثر دلہن بنتی اور مجھے دولہا بناتی ۔اپنا دوپٹہ ہم دونوں میں ڈال دیتی یہ سب باتیں بہت عجیب اور پراسرار معلوم ہوتی تھیں ۔ان میں ایک بے نام سی لذت بھی تھی ۔'' ۷

بچپن کی ان یادوں کے بیان سے اندازہ ہوتا ہے کہ خدا نے سرورؔ کو بچپن ہی سے شاعرانہ ذہن اور مزاج دیا تھا۔آگے چل کر وہ جس پائے کے ادیب' نقاد' شاعر اور دانشور بنے تھے اُس کی بنیاد بچپن ہی میں پڑ گئی تھی سرورؔ کو اکثر بچوں کی طرح خیالی پلاؤ پکانے کی عادت تھی ۔کبھی وہ اپنے اسکول سے والد کے ڈاک خانے تک پیدل جایا کرتے تھے جو دو میل کے فاصلے پر تھا۔سرور گھر سے نکلتے اور پیدل چلتے ہوئے خواب وخیالمیں کبھی بادشاہ بنتے' کبھی سیاست دان' کبھی سپہ سالار اور کبھی منصف ۔اسطرح وہ دھوپ کی پرواہ کئے بغیر پیدل چلتے جاتے تھے۔سرور کو پڑھائی سے دلچسپی تھی ۔اور فطری طور پر وہ ذہین واقع ہوئے تھے ۔انہیں اردو کے ساتھ انگریزی سے بھی لگاؤ ہوگیا۔اس زمانے میں بہت کم لوگ انگریزی پڑھا کرتے تھے ۔خاص طور سے بچوں کو اردو کے علاوہ عربی فارسی کی تعلیم دی جاتی تھی ۔ سرور پڑھائی میں آگے بڑھتے رہے اور اسکول کے مختلف درجوں میں اول آتے رہے ۔وہ ریاضی میں شروع سے کمزور رہے اور یہ سلسلہ آگے تک جاری رہا۔خاص تیاری کرنے پر بھی وہ ہر سال ریاضی میں کم نشانات حاصل کر پاتے تھے ۔

ساتویں اور آٹھویں جماعت ہی سے سرور سلیس اردو لکھنے لگے تھے ۔اور شعر بھی موزوں کرنے لگے تھے ۔شمالی ہند کے آم کافی مشہور ہیں ملیح آباد آموں کے لئے جانا جاتا ہے ۔دسہری وہاں کا خاص آم ہے وہاں آموں کی دعوت کا رواج بھی پایا جاتا تھا۔آموں کی دعوت مقرر کی جاتی بڑے

سے ہال یا برآمدے میں پانی میں ڈوبے آموں کے پتیلے رکھ دئے جاتے۔ اور احباب کو جی بھر کر آم کھانے کیلئے چھوڑ دیا جاتا۔ امراء اور نوابین کے گھروں میں آموں کی دعوتیں اور اُن دعوتوں میں آموں سے متعلق کہی گئی باتیں ادبی شان رکھتی ہیں۔ ایسی ہی ایک آم کی دعوت کا ذکر کرتے ہوئے سرور لکھتے ہیں کہ:

مدت کے بعد ماموں نے کھلوائے آج آم
کھانے کو زیادہ تھے و لے کم کھا کے رہ گئے
کھانا ضرور تھا ہمیں کچھ ان کے سامنے
دندان شکن تھے آم تو غم کھا کے رہ گئے

''اس زمانے کی تہذیب یہ تھی کہ ان اشعار پر ڈانٹ نہ پڑی بلکہ الٹی تعریف ہوئی۔ ہاں اُس کے بعد پھر آموں کی دعوت نہ ہوئی۔ ا

اس زمانے میں ہم لوگ شام کو یا تو چھوٹے چچا کے یہاں جمع ہوتے یا ایک رشتہ دار ماسٹر منور کے یہاں۔ وہاں شعر و شاعری ہوتی کتابوں کی باتیں ہوتیں۔ اور ہندوستان کی سیاست پر اظہار خیال۔ میں اب باقاعدہ غزل کہنے لگا تھا۔ اس زمانے میں ارشدؔ تخلص کرتا تھا۔ بعد میں سرورؔ تخلص اختیار کیا۔''۸

سرورؔ کو کتابوں کے مطالعے کے شوق کے علاوہ اخبار بینی کا بھی شوق تھا۔ بچپن سے ہی وہ انگریزی اخبار پڑھنے لگے تھے۔ اردو اخبار ''مدینہ'' کا بھی بچپن میں پابندی سے مطالعہ کرتے تھے۔ ہائی اسکول کامیاب کرنے کے بعد سرور کو اُن کے چچا کے پاس آگرہ بھیج دیا گیا۔ جہاں اُن کے ادبی ذوق کو مزید جلا ملی۔

بچپن کے اساتذہ:- سرورؔ نے بچپن میں جن اساتذہ سے علم حاصل کیا اور جن لوگوں سے وہ متاثر رہے ان میں مہدی حسن ناصری ہیڈ ماسٹر گورنمنٹ ہائی اسکول' ماسٹر رام ناتھ استاد وکٹوریہ ہائی اسکول' مولوی عطاء اللہ صاحب' مولانا عبدالماجد بدایونی' مولوی شفیع احمد صاحب اور خود اُن کے والد کرم احمد شامل ہیں۔ مولوی عطاء اللہ صاحب اُن کے پڑوس میں رہتے تھے اور قصائد لکھنے میں ماہر تھے۔ مولانا عبدالماجد بدایونی بڑے اچھے مقرر تھے اُن کی تقریریں سننے سے سرور صاحب کو بہت لطف آتا تھا۔ مولوی شفیع احمد صاحب آل احمد سرور کے چچا تھے وہ بچوں سے شفقت سے پیش آتے تھے۔ اور بچوں کی تعلیم وتربیت میں غیر معمولی دلچسپی لیا کرتے تھے۔ سرور کے بچپن کے ساتھیوں میں افضال احمد قادری بھی قابل ذکر ہیں۔ جو رشتہ میں سرور کے خالہ زاد بھائی تھے۔ وہ آگے چل کر کراچی یونیورسٹی کے پروفیسر ہوئے۔ اُن کا انتقال کراچی میں ۱۹۷۵ء میں ہوا۔ سرور اپنے والد کے ملنے جلنے والوں کے ساتھ وقت گزارتے اور اُن کے ساتھ مختلف موضوعات پر گفتگو کرتے۔ اسطرح بچپن میں سرور کو کئی ذی علم ہستیوں کی صحبت میں رہنے اور اُن سے اکتساب فیض حاصل کرنے کا موقع ملا۔ سرور جس اسکول میں پڑھتے تھے وہاں ہندو اور مسلمان طلباء ساتھ ساتھ رہتے تھے۔ وہاں مذہبی بھید بھاؤ نہیں تھا۔ اس کے علاوہ سرور شروع ہی سے ملنسار واقع ہوئے تھے۔ اور ہر ایک سے مخلصانہ رویہ اختیار کرتے تھے۔ اسطرح دانشور سرور بچپن ہی سے اپنی استعداد اور صلاحیتوں کا اظہار کرنے لگے تھے۔ آل احمد سرور جس وقت آٹھویں کلاس میں تھے۔ اُس وقت ایم۔ اے۔ او کالج علی گڑھ کی گولڈن جوبلی تقاریب منائی جارہی تھیں۔ سرور کو جلسوں میں شرکت کا شوق تھا۔ وہ چاہتے تھے کہ کسی طرح علی گڑھ جائیں۔ یہ ۱۹۲۵ء کی بات ہے۔ انہوں نے اپنے والد سے منت سماجت کی۔ جس پر اُن کے والد نے اپنے دوستوں کے ہمراہ سرور کو علی گڑھ جانے کی اجازت دی۔ اس زمانے میں سرور کے

بڑے بھائی ابن احمد اور خالہ زاد بھائی افضال حسن قادری علی گڑھ کالج کے طالب علم تھے۔ابن احمد منٹو سرکل کے کرشنا آشرم میں رہتے تھے۔افضال قادری سے سرور کی بڑی بے تکلفی تھی۔سرور نے انہیں کے ساتھ جوبلی تقاریب میں شرکت کی۔یہ تقاریب بڑی دھوم دھوم سے منائی گئیں۔خاص طور سے اختتامی اجلاس کی شان وشوکت اور مشاعرے کے مناظر سرور کے ذہن پر نقش ہوگئے۔سرور کا علی گڑھ سے یہ پہلا تعارف تھا۔اوراس کی خوشگوار یادیں لئے وہ مستقبل میں اس کالج سے فیض حاصل کرنے کا ارادہ کر چکے تھے۔

اعلیٰ تعلیم :۔سرور نے ۱۹۲۸ء میں کوئن وکٹوریہ اسکول سے میٹرک کا امتحان کامیاب کیا۔اپنے چچا کے گھر آگرہ منتقل ہوگئے۔سینٹ جانسن کالج میں ایف۔ایس۔سی (انٹرمیڈیٹ سائنس) میں داخلہ لیا۔اکثر والدین کی طرح سرور کے والدین بھی اپنے بیٹے کو ڈاکٹری کی تعلیم دلانا چاہتے تھے۔ تاہم سرور کو سائنس کے مضامین سے کوئی خاص دلچسپی نہیں تھی لیکن وہ والدین کی خلاف ورزی بھی نہیں کرنا چاہتے تھے۔کسی طرح انہوں نے انٹرمیڈیٹ درجہ دوّم میں کامیاب کیا وہ سائنس کی تعلیم ختم کرکے بی۔اے میں داخلہ لینا چاہتے تھے۔لیکن اپنے والدین کی چاہت کا خیال رکھتے ہوئے سینٹ جانسن کالج آگرہ میں بی۔ایس۔سی میں داخلہ لیا۔دو سال چچا کے گھر میں رہنے کے بعد سرور ہاسٹل منتقل ہوگئے۔اس دوران اُن کی ادبی سرگرمیاں تیز ہوگئیں۔آگرہ میں اُن کی ادبی سرگرمیاں بیان کرتے ہوئے سلطان احمد لکھتے ہیں۔

''آگرہ میں انہیں نصابی کتابوں کے علاوہ انگریزی اور اُردو زبان وادب سے بھی گہرا شغف رہا۔اور کالج میگزین میں اُن کی تخلیقات شائع ہوئیں اُن کے ادبی ذوق کے پیش نظر اُنہیں کالج کی ''انجمن اُردوئے معلّٰی'' کا سکریٹری نامزد کیا گیا۔جس کے تحت ادبی اور ثقافتی تقریبات پابندی سے ہوتی

تھیں۔ انجمن کے سالانہ مشاعرے میں سرور صاحب کی ملاقات فانی بدایونی' یاس یگانہ چنگیزی' میکش اکبرآبادی سیماب اکبرآبادی' مخمور اکبرآبادی اور مانی جائسی جیسے باکمال شعرا سے ہوئی۔''۹

سی دوران سینٹ جانسن کالج کے زیراہتمام انعامی مباحثہ کا انعقاعمل میں لایا گیا۔جس میں سرور کو انعام دوم ملا۔اپنی ادبی سرگرمیوں کے دوران سرور نے ۱۹۲۳ء میں بی۔ایس۔سی کا امتحان درجہ دوم میں کامیاب کیا۔وہ محض چند نشانات کی کمی سے اوّل نہیں آسکے۔نتیجہ سے دل برداشتہ ہوکر سرور نے بالآخر سائنس سے آگے تعلیم جاری رکھنے کا ارادہ ترک کردیا۔اور انگریزی سے ایم۔اے کرنے کا فیصلہ کرلیا۔جولائی ۱۹۳۲ء کی بات ہے سرور کے والد کرم احمد کا تبادلہ علی گڑھ ہوگیا۔سرور کو تعلیم جاری رکھنے میں مزید سہولت ہوگئی۔چنانچہ انہوں نے ۱۹۳۲ء میں علی گڑھ مسلم یونیورسٹی میں ایم۔اے انگریزی میں داخلہ لے لیا۔

علی گڑھ میں تعلیم :۔ سرور جولائی ۱۹۳۲ء کو علی گڑھ آئے۔اُس وقت اُن کے والد علی گڑھ کے صدر ڈاک خانے میں پوسٹ ماسٹر تھے۔شروع میں سرور کا قیام اپنے والد کے ساتھ ڈاک خانے کے ایک حصے میں رہا۔ان دنوں یونیورسٹی جولائی سے ستمبر تک بند رہتی تھی۔یونیورسٹی کھلنے پر سرور نے ایم۔اے سال اول (انگریزی) میں داخلہ لے لیا۔یہ وہ زمانہ تھا جب علی گڑھ مسلم یونیورسٹی اپنی تعلیمی' تہذیبی اور ثقافتی

سرگرمیوں میں امتیازی شان رکھتی تھی۔اساتذہ اور طلباء دونوں معیاری ہوا کرتے تھے۔درس و تدریس کے علاوہ یونین کا سالانہ مشاعرہ' بحث ومباحثہ' ڈبیٹ' سبھی طرح کے پروگرام ہوا کرتے تھے ۔جس سے طلباء کی تقریری وتحریری صلاحتیں اُجاگر ہوتی تھیں اُن کے شعری' ادبی' تہذیبی ثقافتی ذوق کی تربیت ہوتی تھی۔اور طلباء میں قائدانہ صلاحتیں اُجاگر ہوتی تھیں۔سرور سبھی مقابلوں میں بڑھ چڑھ کر

حصّہ لیا کرتے تھے۔سرور نے علی گڑھ میں کس طرح اپنی تقریری صلاحتیں اُجاگر کیں۔اس ضمن میں عابدالنساء لکھتی ہیں۔

''آل احمد سرور اپنے دور طالب علمی میں ہمیشہ نمایاں اور سرگرم رہے۔وہ کالج کے زمانے میں کالج کی یونین میں سائنٹفک سوسائٹی اور اُردو سوسائٹی کے جلسوں میں برابر شریک ہوا کرتے تھے۔ان ہی جلسوں میں سرور صاحب کو تقریر کرنے کا شوق ہوا مگر وہ مجمع کے سامنے جا کر تقریر کرنے سے گھبراتے تھے۔اور اس گھبراہٹ پر قابو پانے کی ہر وقت کوشش کیا کرتے تھے۔ وہ انگریزی میں اچھی دستگاہ رکھتے تھے۔ اور عام معلومات میں بھی اپنے ہم جماعتوں میں سب سے آگے تھے۔''[10]

سرور نے جس وقت علی گڑھ یونیورسٹی میں داخلہ لیا تھا اُس وقت سر راس مسعود یونیورسٹی کے وائس چانسلر تھے۔اور یونیورسٹی میں اُن کے زیر نگرانی زائد از نصاب سرگرمیاں بھی عروج پر تھیں۔خواجہ منظور حسین شعبہ انگریزی میں ریڈر تھے۔اور سرور کے استاد بھی تھے انہوں نے سرور کے ادبی ذوق کے پیش نظر انہیں علی گڑھ میگزین (اُردو) کا ایڈیٹر مقرر کیا۔سرور کو یونیورسٹی میں قدم رکھے تھوڑا ہی عرصہ ہوا تھا۔نومبر ۱۹۳۲ء میں انہوں نے علی گڑھ میگزین کی ادارت سنبھالی ان سے قبل میگزین پابندی سے نہیں نکلتا تھا۔سرور نے اس بے قاعدگی کو دور کیا۔مضامین کی فراہمی کے سلسلہ میں رشید احمد صدیقی' خواجہ غلام السیدین جیسے اساتذہ اور دیگر احباب سے ملاقاتیں کیں اور اس میگزین کے چار شمارے کامیابی سے نکالے۔اسی زمانے میں یونیورسٹی میں سالانہ آل انڈیا ڈبیٹ مقابلہ ہوا۔موضوع تھا ''سرمایہ داری اسلام کی تعلیم کے منافی ہے'' انصار ہروانی نے موضوع کی حمایت میں اور سرؔور نے مخالفت میں تقریر کی جج کے فرائض پروفیسر رشید احمد صدیقی' ڈاکٹر اشرف اور بشیر ہاشمی نے انجام دیے۔سرور نے اپنی مبسوط اور مدلل تقریر سے حاضرین کو متاثر کیا۔رشید احمد صدیقی نے سرور کی تقریر کی تعریف کی اور اُن کی حوصلہ افزائی کی۔

سرور کو انگریزی لٹریری کلب کا سکریٹری بنایا گیا۔ایک جلسے میں انہوں نے سموئیل جانسن پر سیر حاصل مقالہ پیش کیا۔ ۱۹۳۳ء میں سالانہ انعامی مباحث میں سرور کو تین انعام اول اور دو انعام دوم حاصل ہوئے۔یونیورسٹی میں ہونے والے مباحثوں کا حال بیان کرتے ہوئے سرور لکھتے ہیں:

''ہر سال ایک انگریزی میں اور ایک اردو میں آل انڈیا ڈبیٹ ہوا کرتا تھا۔اس میں ایک اچھی روایت یہ تھی کہ علی گڈھ کے نمائندے مباحثے کا آغاز کرتے تھے مگر انعام باہر والوں کیلئے مختص تھے۔خواہ یہاں کے مقررین کی تقریریں سب سے اچھی ہی کیوں نہ ہوں۔ ۱۹۳۳ء کے آخر میں جب انعامی مقابلے ہوئے تو سب سے زیادہ مجھے اور میرے بعد خواجہ احمد عباس کو انعام ملے'' [۱۲]

ایم۔اے سال اول کے امتحانات کے بعد سرور نے افضال حسین قادری اور دوسرے ساتھیوں کے ہمراہ کشمیر کی سیاحت کی۔وہاں کے قدرتی مناظر' باغات' ندی نالے' آبشار' خوبصورت جھیلوں' فلک بوس پہاڑوں اور مناظر فطرت نے سرور کو بے حد متاثر کیا۔سرور نے ان قدرتی مناظر سے متاثر ہو کر متعدد نظمیں لکھیں۔جو اُن کے پہلے مجموعہ کلام ''سلسبیل'' میں شامل ہیں۔

موسم گرما کی تعطیلات کے بعد یونیورسٹی میں طلباء یونین کے انتخابات ہوئے۔اس زمانے میں یونیورسٹی انتخابات کی یہ روایت تھی کہ جب کوئی طالب علم الیکشن میں حصہ لیتا تو اُس کا تعلیمی ریکارڈ دیکھا جاتا تھا۔اس کی تقریری اور تحریری صلاحیتوں اور اُس کے ڈسپلن پر نظر رکھی جاتی تھی۔سرور کا تعلیمی ریکارڈ شروع سے ہی اچھا تھا۔اور وہ طلباء اور اساتذہ دونوں کے ہر دلعزیز تھے۔چنانچہ انتخابات میں حصہ لینے کیلئے نائب صدر کے عہدہ کیلئے لوگوں کی نظر سرور پر پڑی چنانچہ سرور نے یونیورسٹی انتخابات میں حصہ لیا۔اسطرح وہ ۱۹۳۳ء میں اسٹوڈنٹس یونین علی گڈھ یونیورسٹی کے نائب صدر منتخب ہوئے۔انتخابات میں انہوں نے معین الحق چودھری کو شکست دی۔یونیورسٹی میں یونین کے اراکین کا اعزاز کیا جاتا تھا۔اس ضمن میں سر آغا خان کی علی گڈھ آمد کا حال بیان کرتے ہوئے سلطان

احمد لکھتے ہیں:

''فروری ۱۹۳۴ء کے آغاز میں سر آغا خان علی گڈھ تشریف لائے۔ اُن کے اعزاز میں اسٹریچی ہال میں جلسہ ہوا۔ حسب روایت بہ حیثیت نائب صدر سرورؔ صاحب استقبالیہ خطبہ پیش کرنے کیلئے کھڑے ہوئے تو یونین کے تمام سابق عہدہ داران کے ساتھ مولانا شوکت علی اور ڈاکٹر ذاکر حُسین بھی کھڑے ہو گئے۔ یہ اُس زمانے کی روایت اور طلباء یونین کے نائب صدر کا وقار تھا۔''[۱۱]

ایم۔اے سال اول کے دوران سرور اپنے والد کے ساتھ رہتے تھے۔ دوسرے سال جب وہ یونین کے نائب صدر منتخب ہوئے تو وہ ایس۔ایس۔ایسٹ ہاسٹل میں منتقل ہو گئے۔ اس زمانے میں ہاسٹلوں میں طلباء کی تعداد کم ہوا کرتی تھی۔ اکثر کمروں میں دو یا تین طالب علم رہتے تھے۔ ایس۔ایس ہاسٹل کے نگران یونیورٹی کے فلسفہ کے ریڈر میاں محمد شریف تھے۔ طلباء کو رات نو بجے کے بعد اجازت کے بغیر جانے کی اجازت نہیں تھی۔ اگر جانا ہو تو پاس جاری کیا جاتا تھا۔ ڈائننگ ہال میں طلباء کا حاضر رہنا لازمی تھا۔ ہفتہ میں ایک مرتبہ طلباء کو خاص پکوان جیسے پلاؤ، شاہی ٹکڑے وغیرہ سربراہ کیا جاتا تھا۔ یونین کی مصروفیات اور دوسری سرگرمیوں کے باوجود سرور نے ۱۹۳۴ء میں ایم۔اے (انگریزی) امتیازی نشانات کے ساتھ کامیاب کیا۔ اُن کے والد کی خواہش تھی کہ وہ آئی۔سی۔ایس کریں۔ لیکن ڈاکٹر ذاکر حسین نے انہیں مشورہ دیا کہ وہ پیشۂ تدریس سے وابستہ ہو کر علی گڑھ ہی میں رہیں۔ اسی زمانے میں شعبۂ انگریزی کے استاد غلام سرور صاحب دو سال کی چھٹی پر انگلستان جا رہے تھے۔ صدر شعبۂ انگریزی ہیڈ وہیرس نے سرور کو اُن کی جگہ تقرری کی پیشکش کی جسے ذاکر حسین کے مشورے پر سرور نے مقبول کر لیا۔ اس طرح سرور ۱۹۳۴ء میں شعبۂ انگریزی میں لیکچرر کے عہدے پر فائز ہوئے۔ ذاکر صاحب کے مشورے پر انھوں نے ۱۹۳۶ء میں ایم اے اُردو امتیاز کے ساتھ کامیاب کر لیا۔ اسی دوران ۱۹۳۵ء میں ''سلسبیل'' کے عنوان سے سرور کا پہلا مجموعہ کلام علی گڑھ سے شائع ہوا۔ جس میں

زیادہ تر نظمیں ہیں اُردو سے ایم۔اے کرنے کے بعد سرور کا تقرر علی گڑھ یونیورسٹی کے شعبۂ اُردو میں بہ حیثیت لکچرر ہو گیا۔ رشید احمد صدیقی کی ایماء پر سرور نے رسالہ ''سہیل'' کو از سر نو جاری کیا۔ جنوری ۱۹۳۶ء میں چار سو صفحات پر مشتمل رسالہ ''سہیل'' جاری ہوا جس کی ادبی حلقوں میں پذیرائی ہوئی۔ اس رسالے کے ایڈیٹر رشید احمد صدیقی اور جوائنٹ ایڈیٹر سرور تھے۔ اس خاص نمبر میں سرور نے متعدد کتابوں اور رسالوں پر تبصرہ کیا تھا۔ جس کی مولوی عبدالحق نے تعریف کی تھی۔

شادی:۔ سرور کی شادی ۳/اگست ۱۹۳۶ء کو بدایوں کے کلکٹر رحمٰن بخش قادری کی بیٹی زاہدہ خاتون سے ہوئی زاہدہ خاتون ادب کا اچھا مذاق رکھتی تھیں۔ اور سرور کی کہی ہوئی کئی نظمیں انہیں یاد تھیں۔ سرور نے اپنی بیگم کے لئے ''مہندی'' کے عنوان سے جو نظم کہی تھی بیگم سرور نے اپنے ایک انٹرویو میں اُس نظم کے چند اشعار سنائے جو اس طرح ہیں۔

لگا لو نازنین ہاتھوں میں اپنے زاہدہ مہندی
بتائے گی تمہیں عیش و مسرت کا پتہ مہندی
دلہن کیا ہے سراپا حسن کی تصویر ہے بالکل
دوبالا اور بھی اس کو کرے گی خوش نما مہندی
سجا کر لائی ہے مالن اسے پھولوں کی کشتی میں
دلہن کا حسن بھی دلکش ہے اور ہے خوشنما مہندی ۱۳

سرور کا گھرانہ اجتماعی گھرانہ تھا۔ اُن کی والدہ تنویر فاطمہ اور خالہ طفیل فاطمہ نے نئی دلہن زاہدہ خاتون کا اچھا خیال رکھا۔ سرور کے والد اور بھائی بھی زاہدہ خاتون سے اچھے انداز میں پیش آتے تھے۔ شادی سے قبل زاہدہ خاتون نے سرور کو چند ایک تقاریب میں دیکھا تھا۔ اس ضمن میں وہ کہتی

ہیں:

''ہماری دوسری بہن کی شادی تھی۔ ہمارے اور پھوپھی کے گھر کے بیچ میں ایک بڑی کھڑکی تھی۔ ہم لوگ بڑے جوش میں اس کھڑکی پر کھڑے باتیں کر رہے تھے کہ اچانک سرور صاحب اور اُن کے بڑے بھائی ابن احمد پھوپھی کے گھر میں داخل ہوئے۔ ان لوگوں کی نظر ہم پر پڑی اور ہماری نظر اُن پر پڑی۔ ہم فوراً اندر چلے گئے۔ بس دو ایک دفعہ ایسے ہی دیکھا تھا''۱۴

سرور کے بارے میں بیگم سرور کے اور بیگم سرور کے بارے میں سرور کے خیالات سے اندازہ ہوتا ہے کہ دونوں ایک دوسرے کو بہت چاہتے تھے۔ سرور اپنی سوانح میں شادی کی یادیں رومانی انداز میں بیان کرتے ہوئے لکھتے ہیں:

''میری شادی برسات میں ہوئی تھی۔ ایک ہفتے کے لئے چھٹی لی۔ والدین پہلے ہی بدایوں پہنچ گئے تھے۔ شادی کے موقع پر میرے پرانے دوست رضی الحسن چشتی آ گئے تھے۔ رخصت سہ پہر میں ہوئی تھی۔ چاہیے تو یہ تھا کہ شام ڈھلتے ہی حجلۂ عیش میں پہنچ جاتا۔ مگر چشتی دس بجے رات کی گاڑی سے جانے والے تھے۔ اُن کے جانے کے بعد زنانے میں گیا۔ نئی نویلی دلہن کو رام کرنے کے لئے دیر تک باتیں کرتا رہا۔ صبح اتنی جلدی ہوگئی کہ اگلی رات کا صبح سے انتظار کرتا رہا۔ اس زمانے میں دن دعوتوں میں گذرتے رات جاگنے میں علی گڑھ واپس آیا تو نیند آنے میں دس پندرہ دن لگ گئے۔ اُس زمانے میں سب سے زیادہ لطف بیوی کو خط لکھنے اور اُن کے خط پڑھنے میں آتا تھا''۱۵

اولاد:۔ زاہدہ خاتون اور آل احمد سرور کو خدا نے چار اولادیں دی تھیں۔ ۱۹۳۷ء لڑکا پیدا ہوا۔ جس کا نام اُن کے والد نے صدیق احمد صدیقی رکھا۔ ۱۹۳۸ء میں لڑکی پیدا ہوئی جس کا نام عائشہ مہہ جبین رکھا گیا۔ ۱۹۳۹ء میں سرور کو دوسرا لڑکا ہوا۔ جس کا نام جاوید احمد صدیقی رکھا گیا۔ پھر ۱۹۴۲ء میں ایک

لڑکی مردہ پیدا ہوئی۔ اس طرح سرور کے دو بیٹے اور ایک بیٹی بقید حیات رہیں۔ سرور نے اپنے بچوں کی پرورش اچھے انداز میں کی۔ سرور کا گھر رشید احمد صدیقی کے گھر سے قریب تھا۔ دونوں گھرانوں میں دوستانہ مراسم تھے۔ اپنے بڑے لڑکے صدیق کا بچپن کا ایک لطیفہ بیان کرتے ہوئے سرور لکھتے ہیں:

''میں جب گھر سے نکلتا تو یہ ضرور پوچھتے کہ ابا کہاں جا رہے ہیں؟ ایک دفعہ میں نے جھلا کر کہہ دیا'' جہنم میں'' اس کے بعد کچھ لوگ ملنے آئے تو اُن کے دریافت کرنے پر کہ تمہارے ابا کہاں گئے ہیں۔ اُنہوں نے سادگی سے کہا۔ ''جہنم میں'' یہ لطیفہ بہت دن تک دوستوں میں گشت کرتا رہا''[۱۶]

رشید احمد صدیقی نے سرور کے چھوٹے بیٹے جاوید کا نام ''بگڑے دل بدایونی'' رکھا تھا۔ کیونکہ یہ بات بات پر خفا ہو جاتے تھے اور اپنے کپڑے اُتار کر فرش پر لوٹنے لگتے تھے۔ سرور اپنی بیٹی کو پیار سے بٹو کہتے تھے۔ سرور کے دونوں بیٹوں نے اعلیٰ تعلیم حاصل کی۔ بڑے بیٹے صدیق نے علی گڑھ سے انگریزی میں ایم۔ اے کیا۔ ناگپور کالج سے جرنلزم میں ڈپلوما کیا اور وہ انڈین اکسپریس میں کام کرتے تھے۔ لکھنو کے قیام کے زمانے میں انہوں نے وہاں کے پریس کلب کو آگے بڑھانے میں نمایاں خدمات انجام دیں۔ انڈین ایکسپریس میں اُن کی قدر نہ ہوئی تو اُنہوں نے استعفیٰ دے دیا۔ نوجوان لیڈر چندر شیکھر کے ہفتہ وار اخبار ''ینگ انڈین'' میں کچھ عرصہ کام کیا۔ پھر مشہور صحافی چلپتی راؤ نے صدیق کی خدمات نیشنل ہیرالڈ کے لئے حاصل کر لیں۔ وہاں سے دوبارہ انڈین اکسپریس میں ملازمت اختیار کی اور طویل عرصہ تک اخبار کی خدمت کرتے رہے۔ سرور کے چھوٹے لڑکے جاوید احمد صدیقی نے حصول تعلیم کے بعد جرمنی کا رُخ کیا۔ جاوید نے ۱۹۶۱ء میں مسلم یونیورسٹی علی گڑھ سے نفسیات میں ایم۔ اے کیا تھا۔ وہ انگلستان سے پی۔ ایچ۔ ڈی کرنا چاہتے تھے تاہم حالات سازگار نہ ہونے کی وجہ سے جرمنی کی رُخ کیا۔ میونخ یونیورسٹی سے تیس مہینے میں جرمن بول چال سیکھی۔ اور پی۔ ایچ۔ ڈی میں راست داخلہ لے لیا۔ ۱۹۶۶ء میں پی۔ ایچ۔ ڈی کی ڈگری حاصل کی۔

اور اسی شعبہ میں لکچر رہو گئے۔ کچھ عرصہ علی گڑھ میں گذار کر پھر جرمنی چلے گئے۔ وہاں ڈی۔لٹ کی مساوی ڈگری کے لئے مکالمہ لکھا۔ مکالمہ طویل ہونے کی وجہ سے اُنہیں ڈگری نہیں مل سکی۔ جاوید نے سائیکوتھراپی اور کونسلنگ کے لئے اپنا ذاتی کلینک وہیں کھول لیا تھا۔ اور منشیات کے عادی نوجوانوں کا کامیابی کے ساتھ علاج کیا۔ جاوید نفسیات کے طالب علم تھے۔ لیکن انہیں اُردو ادب سے بھی دلچسپی تھی۔ آل احمد سرور کو ۷رنومبر ۱۹۹۷ء کو ایک گہرے صدمہ سے دوچار ہونا پڑا جبکہ انہیں اطلاع ملی کہ اُن ک چھوٹے لڑکے جاوید کا بحالت نیند انتقال ہو گیا۔ ۵۸ سال کی عمر میں چھوٹے بیٹے کی ناگہانی موت نے سرور کو شدید رنج والم سے دوچار کر دیا۔ اپنے بیٹے کو یاد کرتے ہوئے سرور لکھتے ہیں:

''آخری زمانے میں اُس کو پھیپھڑوں کی کوئی تکلیف ہو گئی تھی۔ چونکہ وہ سگریٹ بہت پیتا تھا۔ اس لئے غالباً پھیپھڑوں کی خرابی میں اس کا اثر رہا ہوگا۔ اٹھاون سال کی عمر میں اُس کا اچانک داغ مفارقت دے جانا اُس کی ماں کے لئے میرے لئے اس کے بہن بھائی اور دوسرے اعزّہ کے لئے ایک ایسے خلا کا باعث ہے جو کبھی پُر نہ ہو سکے گا۔ مجھے اُس کی موت پر کسی انگریزی شاعر کے یہ اشعار اکثر یاد آیا کرتے ہیں:

''اس نے اپنی شمع کو دونوں سروں سے جلایا
شمع پوری رات نہ جل سکی
لیکن اے میرے دوستو اور اے میرے دشمنو
دیکھنا اُس کی روشنی کیسی تابناک تھی'' ۱۷

سرور کی بیٹی مہ جبین کی شادی ۱۹۵۹ء میں ڈاکٹر عبدالجلیل سے ہوئی۔ اُن کی شادی کی تقریب میں اُن کے والد کرم احمد خسر رحمٰن بخش اور دیگر دوست احباب نے شرکت کی۔ مہ جبین کو دو بیٹے اور دو بیٹیاں

ہیں سرور نے اپنے بچوں کے نام سے ''تین فتنے'' نظم لکھی تھی۔ بعد میں نواسے نواسیوں کے لئے'' چار فتنے'' نظم لکھی۔ مہہ جبین کی ایک بیٹی تابندہ نے بھی ڈاکٹر کی پڑھائی۔ سرور کے داماد عبدالجلیل کا انتقال جنوری ۲۰۰۲ء میں ہوا۔

ملازمت اور دیگر مصروفیات :۔ آل احمد سرور نے علی گڑھ مسلم یونیورسٹی سے ایم۔اے انگریزی کرنے کے بعد ۱۹۳۴ء میں شعبۂ انگریزی میں بہ حیثیت لکچرر اپنی ملازمت کا آغاز کیا۔ ذاکر حسین کے مشورے پر ایم۔اے اُردو کیا۔ اور جولائی ۱۹۳۶ء میں یونیورسٹی کے شعبۂ اُردو میں لکچرر کی حیثیت سے اُن کا تقرر ہوا۔ اسی زمانے میں اُنہیں ریڈیو پر تقاریر کے لئے بلایا جانے لگا۔ سرور اپنی تقریر ریکارڈ کرانے کے لئے علی گڑھ سے دہلی جایا کرتے تھے۔ یہ سلسلہ ۱۹۳۶ء سے ۱۹۴۵ء تک جاری رہا۔ ۱۹۳۸ء کے بعد ہر مہینہ کسی نہ کسی موضوع پر وہ تقریر کرنے لگے تھے۔ ریڈیو پر اپنی تقاریر ریکارڈ کرانے کی یادیں بیان کرتے ہوئے سرور لکھتے ہیں:

''۱۹۳۶ء سے ۱۹۴۵ء تک اکثر ریڈیو پر تقریر کے سلسلہ میں دہلی جانا ہوتا تھا...اُس زمانے میں ریڈیو پر تقریر کے تیس روپئے ملتے تھے۔ اور میں اُن روپیوں میں دہلی سے بہت سے پھل بیوی کے لئے ساری اور متفرق چیزیں لے آیا کرتا تھا'' ۱۸

سرور کی ریڈیو پر پڑھی گئی تقاریر کافی مقبول ہوئیں۔ بعد میں یہ تقاریر ۱۹۴۳ء میں ''تنقیدی اشارے'' کے عنوان سے زیور طباعت سے آراستہ ہو کر شائع ہوئیں۔ اکتوبر ۱۹۳۶ء میں علی گڑھ میں اُردو کانفرنس کا انعقاد ہوا۔ سرور نے مولوی عبدالحق' پریم چند اور دیگر کئی دانشوروں اور ادیبوں سے ملاقات کی۔ اپریل ۱۹۳۷ء میں سرور کو ترقی ہوئی اور وہ گریڈ ٹو لکچرر بن گئے۔ سجاد ظہیر کی ایماء پر علی گڑھ میں انجمن ترقی پسند مصنفین کی شاخ قائم ہوئی۔ سرور کو اس انجمن کا سکریٹری بنایا گیا۔ اسی دوران سرور کے

والد کا تبادلہ بمبئی ہو گیا تھا۔ ۱۹۳۷ء سرور اپنے والد کے پاس بمبئی گئے۔ پھر حیدر آباد سفر کیا۔ جہاں مولوی عبدالحق، عبدالقادر سروری، ڈاکٹر محی الدین قادری زور اور ہاشمی فرید آبادی سے ملاقاتیں کیں۔ ۱۹۳۷ء میں علی گڑھ یونیورسٹی میں توسیعی خطبات کا آغاز ہوا۔ سرور نے ''جدید اُردو شاعری کے میلانات'' پر خطبہ دیا جو رسالہ ''جامعہ'' میں شائع ہوا۔ اس زمانے میں انسٹی ٹیوٹ گزٹ پابندی سے نکلتا تھا۔ سرور کو یونیورسٹی کے وائس چانسلر ڈاکٹر ضیاء الدین نے اس گزٹ کا اسٹنٹ ایڈیٹر مقرر کیا۔ ۱۹۳۸ء میں سرور کو سینئر لکچرر کے عہدے پر ترقی ملی۔ ۱۹۳۹ء میں دہلی میں انجمن ترقی اُردو کی کل ہند کانفرنس منعقد ہوئی۔ اس کانفرنس میں سرور نے ''علی بخش شرر۔ سرسید کے ایک مخالف'' کے عنوان سے مضمون پڑھا۔ یونیورسٹی کے زمانے میں سرور کے معمولات طے تھے۔ وہ ہر ہفتہ ۲۷ گھنٹے پڑھاتے تھے۔ اور رشید احمد صدیقی صدر شعبۂ اُردو کی انتظامی امور میں معاونت کرتے تھے۔ اسٹاف کلب جانا ٹینس کھیلنا اور رات میں کچھ وقت رشید احمد صدیقی کے ساتھ گذارنا اُن کے معمولات میں شامل تھا۔ رات کے کھانے کے بعد کافی وقت مطالعہ میں مشغول رہتے۔ اور سو کر صبح دیر سے جاگتے تھے۔ سرور لائبریری میں بھی کافی وقت گذارتے تھے۔ ۱۹۴۱ء میں یوم سرسید کے موقع پر سرور نے علی گڑھ پر ایک نظم پڑھی کہا جاتا ہے کہ اس کے بعد سے ہی اُن کے اور وائس چانسلر ضیاء الدین کے مابین تعلقات بگڑ گئے۔ اور سرور کو مخالفتوں کا سامنا کرنا پڑا۔ اُن کے ایک مضمون کی اشاعت کے بعد اُن پر وائس چانسلر کے بغاوت کا الزام عائد کیا گیا۔ اس پر سرور نے اپنا جواب ان الفاظ میں دیا ''میں شعبۂ اُردو میں لکچرر ہوں۔ اور میرا کام لکھنا پڑھنا ہے اگر آپ چاہتے ہیں کہ میں لکھنا پڑھنا چھوڑ دوں تو یہ میرے لئے ممکن نہیں۔ البتہ ملازمت سے سبکدوش ہو سکتا ہوں۔''[19]

۱۹۴۴ء میں ڈاکٹر زور کی دعوت پر سرور نے رشید احمد صدیقی کے ہمراہ حیدر آباد کا سفر کیا۔ اور اُردو کانفرنس میں شرکت۔ اس کانفرنس میں سرور نے ''اسٹائل کیا ہے'' کے عنوان سے اپنا مکالمہ پیش

کیا۔ حیدر آباد ریڈیو سے اُن کی تقریر بھی نشر ہوئی حیدر آباد سے واپسی کے بعد ذاکر صاحب نے سرور کو مشورہ دیا کہ وہ رام پور جائیں۔ اور رضا انٹر نیشنل کالج میں بہ حیثیت پرنسپل جائزہ حاصل کر لیں۔ وہاں پرنسپل کی جائداد مخلوعہ تھی۔ چنانچہ ۱۳/ مارچ ۱۹۴۵ء کو سرور نے رضا کالج کے پرنسپل کی حیثیت سے جائزہ حاصل کر لیا۔ اس سے قبل سرور نے تقریباً ۱۱ سال علی گڑھ میں اپنی خدمات انجام دیں۔ علی گڑھ کے جن اساتذہ کو سرور یاد کیا کرتے تھے۔ اُن میں پروفیسر محمد حبیب (تاریخ) خواجہ غلام السیدین اور پروفیسر حبیب الرحمٰن (تعلیم) مولانا عبدالعزیز میمن (عربی) ڈاکٹر ہادی حسن، ڈاکٹر ضیاء الدین بدایونی اور کیپٹن حمید الدین خان (فارسی) مولانا سلیمان اشرف (صدر شعبۂ دینیات) ابوبکر شیث فاروقی (ناظم دینیات) پروفیسر ایل۔ کے۔ حیدر (کمیسٹری) عبدالمجید قریشی اور رحمت اللہ (ریاضی) ڈاکٹر ظفر الاسلام (فلسفہ) رشید احمد صدیقی، ظہیر الدین علوی اور مولانا احسن مارہروی (اُردو) خواجہ منظور حسین، محمود حسین، حامد علی اور بی۔ اے خاں (انگریزی) قابل ذکر ہیں۔ علی گڑھ میں آل احمد سرور کے جو ہر دلعزیز شاگرد تھے ان میں خواجہ شبیر حسن، عشرت عثمانی اور عبدالرحمٰن ٹونکی (انگریزی) حسن عبداللہ، شبیر علی، مسعود حسین خاں، مسعود علی ذوقی، جاں نثار اختر، نورالحسن ہاشمی، رشید مودودی، عبدالرؤف نور محمد، صدیق احمد صدیقی، ساجد علی خان، سلیمہ سلطانی اور سلمیٰ سلام الحق (اُردو) قابل ذکر ہیں۔ علی گڑھ میں قیام کے دوران سرور نے اپنے تنقیدی مضامین کا مجموعہ ''نئے اور پرانے چراغ'' مرتب کر لیا تھا۔ یہ مجموعہ جون ۱۹۴۶ء میں شائع ہوا۔ آل احمد سرور مارچ ۱۹۴۵ء سے اگست ۱۹۴۶ء تک رضا انٹر کالج رام پور کے پرنسپل رہے۔ اس ایک سال کے عرصہ میں سرور نے کالج میں ''یوم اقبال'' تقاریب کا اہتمام کیا۔ جس میں ذاکر صاحب رشید احمد صدیقی اور پروفیسر مسعود حسین خاں نے شرکت کی۔ ۱۹۴۵ء میں سرور نے جے پور میں منعقدہ P.E.N کانفرنس میں شرکت کی۔ اور اُردو ادب کے نئے میلانات پر مقالہ پڑھا۔ اس کانفرنس میں جواہر لال نہرو اور ای ایم فارسٹر نے شرکت

کی تھی۔ سرور نے اپنی سوانح خواب باقی ہیں۔ میں رام پور کے زمانہ قیام کی یادیں' وہاں کے لوگوں کے احوال اور کالج کی سرگرمیوں کو تفصیل سے بیان کیا۔ علی گڑھ یونیورسٹی میں پوسٹ گریجویشن کی تدریس کے بعد رام پور میں انٹر کالج کی ملازمت میں سرور کا دل نہیں لگا تھا۔ وہ کسی طرح وہاں سے نکلجانا چاہتے تھے۔ چنانچہ مولوی عبدالحق کی کوشش سے اُن کا تقرر لکھنو یونیورسٹی کے شعبۂ اُردو وفارسی میں بہ حیثیت ریڈر ہو گیا۔

۲۱ راگست ۱۹۴۶ء کو سرور نے لکھنو یونیورسٹی میں شعبۂ اردو فارسی کے ریڈر کی حیثیت سے جائزہ حاصل کر لیا۔ مسعود حسن رضوی صدر شعبہ تھے۔ جو سرور کے آنے سے خوش نہیں تھے۔ لکھنو میں قیام کے دوران سرور درس و تدریس کے علاوہ مختلف تحریکوں اور تنظیموں کے پروگراموں سے وابستہ رہے۔ ترقی پسند مصنفین کے جلسے اُن کے گھر پر ہوا کرتے تھے۔ مشاعرے' ادبی محفلیں' مجالس عزاء سبھی محفلوں میں سرور شریک رہا کرتے تھے۔ ان محفلوں کا ذکر سرور نے اپنی سوانح ''خواب باقی ہیں'' میں تفصیل سے کیا ہے۔ مسعود حسین رضوی کی سبکدوشی کے بعد سرور کو شعبہ اردو فارسی کا انچارج بنایا گیا۔ کیونکہ وہ ہی سینئر تھے۔ لیکن اُس وقت کے وائس چانسلر رادھا کمل مکرجی نے اپنے ایک حکمنامے کے ذریعہ شعبہ فارسی کے ریڈر رسید یوسف حسین مولوی کو صدر مقرر کر دیا۔ جبکہ وہ جونیر تھے اور ایک سال قبل ریڈر ہوئے تھے۔ ضابطے کے اعتبار سے سرور صدر شعبہ کے مستحق تھے۔ لکھنو یونیورسٹی میں اپنے ساتھ ہوئی ناانصافی کو دیکھ کر سرور نے اپنا استعفیٰ پیش کر دیا۔ یہ نومبر ۱۹۵۵ء کا واقعہ ہے۔ لکھنو میں قیام کے دوران سرور کے مزید دو مجموعے تنقید کیا ہے'' ۱۹۴۵ء اور ''ادب اور نظریے'' ۱۹۵۴ء میں شائع ہوئے۔ جبکہ شعری مجموعہ ''ذوق جنوں'' ۱۹۵۵ء میں شائع ہوا۔ لکھنو یونیورسٹی سے سرور کے استعفیٰ کی ایک اور وجہہ علحدہ شعبہ اردو کے قیام کی اُن کی تجویز کا رد ہو جانا بھی تھا۔ سرور نے اس زمانے میں پاکستان جانے کا بھی ارادہ کر لیا تھا۔ وہاں کراچی یونیورسٹی میں اُنہیں پروفیسر بنانے کی

پیشکش ہوچکی تھی۔اس ضمن میں سرور لکھتے ہیں:

''میں ہندوستان میں رہنا نہیں چاہتا تھا مگر اردو کی خدمت کے موقع کی وجہ سے اسے آسانی سے نظر انداز بھی نہیں کرسکتا تھا۔میری بیوی تو اصرار کررہی تھی کہ میں اس پیش کش کو قبول کرلوں۔میں نے اپنے والد اور اپنے خسر سے رائے لی۔دونوں کی رائے یہ تھی کہ مجھے پاکستان نہ جانا چاہئے۔پھر ذاکر صاحب سے مفصل بات ہوئی انہوں نہ یہ کہا کہ آپ جانا چاہیں تو آپ کو روکوں گا نہیں۔مگر مجھے یہ محسوس ہوگا کہ میرا دایاں بازو ٹوٹ گیا۔بہرحال میں نے اس کے بعد یہ فیصلہ کرلیا کہ نہ جاؤں گا اور جیسے بھی حالات ہوں اُن کا مقابلہ کرونگا''[20]

سرور کے ان خیالات سے اندازہ ہوتا ہے کہ وہ اپنی زندگی کے اہم معاملات میں بڑے لوگوں سے مشورہ لیتے تھے اور اُن کے مشوروں کی قدر بھی کرلیتے تھے۔لکھنو سے استعفٰی کے بعد سرور علی گڈھ آگئے۔دراصل وہاں ''سید حسین ریسرچ پروفیسر'' کا عہدہ قائم ہوا تھا۔امریکہ سے ایک صاحب رفیق عطااللہ درانی نے دیوان غالب کا انگریزی ترجمہ کرنے اور نول کشور پر کتاب لکھنے کیلئے عطیہ دیا تھا۔ذاکر صاحب نے اس ریسرچ پروفیسری کیلئے سرور کو علی گڈھ چلے آنے کی دعوت دی۔سرور نے یہ پیشکش قبول کرلی۔اور علی گڈھ میں اس تحقیقی کام کے نگران مقرر ہوئے۔ریسرچ فیلو کیلئے ابتداء میں نسیم قریشی کا انتخاب عمل میں آیا۔اُن کے لکچرر ہوجانے کے بعد نادر علی خان کو ریسرچ فیلو بنایا گیا۔ جنہوں نے تین سال کی تحقیق کے بعد نول کشور کی خدمات پر اچھا خاصا مواد جمع کرلیا۔جسے بعد میں انگریزی میں ترجمہ کیا گیا۔

سرور نے سید حسین ریسرچ پروفیسر کا عہدہ یکم رڈسمبر ۱۹۵۵ء کو حاصل کیا۔۱۹رجنوری ۱۹۵۶ء کو انہیں انجمن ترقی اردو کا سکریٹری بنایا گیا۔اس زمانے میں سرور کے خاص دوست اور رہنما ڈاکٹر ذاکر حسین علی گڈھ یونیورسٹی کے وائس چانسلر تھے۔ذاکر حسین کے بعد ۷ اکتوبر ۱۹۵۶ء کو کرنل بشیر حسین

زیدی نے ذاکر صاحب سے علی گڈھ یونیورسٹی کے وائس چانسلر کا چارج لیا۔ انہوں نے سرور کو سرسید ہال کا پرووسٹ نامزد کیا۔ جس کی وجہ سے سرور کے سید حسین ریسرچ پروفیسر کے کام میں تاخیر ہوئی۔ لیکن ۱۹۴۱ء میں سرور نے دیوان غالب کا مکمل انگریزی ترجمہ اور نول کشور کی خدمات کا انگریزی ترجمہ کر کے اس کام کے معطی درّانی صاحب کو روانہ کر دیا۔ تاہم سرور کا یہ کام شائع نہیں ہوسکا۔ سرور نے جولائی ۱۹۵۷ء میں انجمن ترقی اُردو کے زیر اہتمام سہ روزہ آل انڈیا اُردو کانفرنس منعقد کی۔ جس میں انجمن کے کاموں کا جائزہ لیا گیا۔ اور مستقبل کا لائحہ عمل مرتب کیا گیا۔ اپریل ۱۹۵۸ء میں رشید احمد صدیقی سبکدوش ہوگئے۔ اُن کی جگہ سرور کو صدر شعبہ بنایا گیا۔ یکم اگست ۱۹۵۸ء سے وہ پروفیسر بھی ہوگئے۔ اسی زمانے میں یو۔ جی۔ سی نے شعبۂ اُردو کو علی گڑھ تاریخ ادب اُردو مرتب کرنے کے لئے گراں قدر عطیہ دیا۔ بہ حیثیت صدر شعبہ کے سرور صاحب اس کے ڈائرکٹر قرار پائے۔ پہلی جلد کا کام مکمل ہوا۔ کتاب ٹائپ میں ہوئی جس میں بہت سی غلطیاں رہ گئی تھیں۔ جب اس کی پہلی جلد شائع ہوئی تو رشید حسن خان نے غلطیوں کو اُجاگر کرتے ہوئے ایک مضمون لکھا رشید حسن خان کے مضمون کو سرور نے اپنی انا کا مسئلہ بنالیا اور کتاب کی فروخت روک دی گئی۔ اس سے یونیورسٹی کا وقار مجروح ہوا۔ ۱۹۵۸ء میں سرور کو یونیورسٹی کی تہذیبی سرگرمیوں کا نگران مقرر کیا گیا۔ یونیورسٹی میں کئی تہذیبی پروگرام ہوئے۔ نصیرالدین شاہ جیسے فنکار اُبھرے جنہوں نے آگے چل کر تھیٹر اور فلموں میں نام کمایا۔

حکومت ہند کی جانب سے سرور نے ۱۹۶۰ء میں ماسکو روس میں منعقد انٹرنیشنل اورینٹلسٹ کانگریس میں شرکت کی اور وہاں ''جدید اُردو ادب کے میلانات'' پر انگریزی میں مقالہ پیش کیا۔ ۱۹۶۱ء کے آغاز میں یونیورسٹی کی عاملہ کونسل کے رکن نامزد ہوئے۔ ۱۹۶۷ء میں سرور کو ساہتیہ اکیڈمی کا اُردو کنوینر نامزد کیا گیا۔ اور اسی سال انہیں فیکلٹی آف آرٹس کے ڈین کی ذمہ داری سونپی گئی۔ نواب علی

یاور جنگ اپریل ۱۹۶۵ء میں وائس چانسلر بن کر علی گڑھ آئے۔ اس سے قبل وہ عثمانیہ یونیورسٹی کے وائس چانسلر تھے۔ اُن پر بدعنوانیوں کا الزام عائد کرتے ہوئے طلباء نے پتھراؤ کر دیا۔ جس میں سرور شدید زخمی ہو گئے۔

جون ۱۹۶۶ء میں سرور نے کابل (افغانستان) میں منعقد بین الاقوامی ترجمہ سمینار میں بہ حیثیت مشاہد observer کے شرکت کی۔ موضوع تھا ''فارسی میں تراجم کی صورتحال'' ستمبر ۱۹۶۷ء میں سرور نے بحیثیت وزیٹنگ پروفیسر شکاگو یونیورسٹی (امریکہ) کا دورہ کیا۔ اور چھ ماہ تک جنوبی ہند کی زبانوں کے مرکز میں کام کیا۔ حکومت ہند نے بین الاقوامی ثقافتی تبادلہ پروگرام کے تحت سرور کو ہنگری اور پولینڈ جانے کے لئے کہا۔ چنانچہ سرور امریکہ سے یورپ آئے۔ مانٹریال، لندن جرمنی اور اٹلی کا دورہ کیا جرمنی میں اپنے بیٹے جاوید احمد سے ملاقات کی۔ آٹھ ماہ کے بیرونی سفر کے بعد سرور ۲۸/ اپریل ۱۹۷۰ء کو علی گڑھ واپس آئے۔

حکومت ہند کی تحریک پر سرور نے دوبارہ ۱۹۷۲ء میں رومانیہ ہنگری اور سویت یونین کا دورہ کیا۔ انہیں ملازمت میں ایک سال توسیع دی گئی۔ اس وقت عبدالعلیم صاحب یونیورسٹی کے وائس چانسلر تھے۔ وزیر تعلیم ڈاکٹر نورالحسن نے ۱۹۷۲ء میں یونیورسٹی کا نیا ایکٹ نافذ کیا۔ جس سے سرور کو ملازمت میں مزید توسیع نہیں ملی۔ بالآخر ۱۷/ اکتوبر ۱۹۷۳ء کو سرور شعبۂ اُردو سے سبکدوش ہو گئے۔

علی گڑھ مسلم یونیورسٹی میں آل احمد سرور کی خدمات کے دوسرے دور کا احاطہ کرتے ہوئے سلطان احمد لکھتے ہیں

''سرور صاحب نے اپنے زمانہ ملازمت میں شعبۂ اُردو کی شش جہت ترقی کی۔ اُن کی خصوصی توجہ اور محنت سے اگست ۱۹۶۸ء میں شعبۂ کو لسانیات کے پروفیسر کی جگہ تفویض ہوئی۔ جس پر ڈاکٹر مسعود حسین خان کی تقرری عمل میں آئی۔ بعدازاں اُن کی مساعی جمیلہ سے لسانیات کا الگ شعبۂ قائم ہوا۔ سرور

صاحب نے اپنی زمانہ اقتدار میں متعدد سمیناروں کا انعقاد کیا ان میں ''نثر کا اسلوب' تنقید کے بنیادی مسائل' جدیدیت اور ادب' غالب' اُردو فکشن' اقبال'' قابل ذکر ہیں ان میں پہلے اور آخری موضوع سے قطع نظر باقی تمام سمیناروں کے مقالات کو کتابی صورت میں شائع کیا۔ جن کی ادبی حلقوں میں پذیرائی ہوئی''۲۱

شعبۂ اُردو سے سبکدوشی کے بعد آل احمد سرور انجمن ترقی اُردو کی سرگرمیوں میں مشغول رہے۔ پھر انہیں شملہ کے انڈین انسٹی ٹیوٹ آف ایڈوانسڈ اسٹڈیز میں وزیٹنگ فیلو مقرر کیا گیا۔ انجمن ترقی اُردو کی ذمہ داری ڈاکٹر خلیق انجم کو دے کر سرور شملہ روانہ ہو گئے۔ شملہ میں قیام کے دوران کشمیر یونیورسٹی کے وائس چانسلر سید رضی الحسن چشتی نے اطلاع دی کہ کشمیر یونیورسٹی میں اقبال چیئر قائم ہو رہی ہے۔ وزیر اعلیٰ کشمیر شیخ عبداللہ کی خواہش ہے کہ سرور صاحب اس چیئر کے پروفیسر رہیں۔ چنانچہ سرور شملہ سے کشمیر چلے آئے۔ اور مئی ۱۹۷۷ء میں کشمیر یونیورسٹی میں پروفیسر ہو گئے۔ ۱۹۷۹ء میں وہاں اقبال انسٹی ٹیوٹ کا قیام عمل میں آیا۔ سرور اس ادارے کے پہلے ڈائرکٹر تھے۔ اس ادارے کے لئے سرور نے ۱۹۸۷ تک خدمات انجام دیں۔ اس دوران انہوں نے ۱۹۷۷ اور ۱۹۸۳ میں لاہور پاکستان میں منعقدہ بین الاقوامیسے متعلقہ موضوعات پر یکے بعد دیگرے اُن کی متعدد کتابیں منظر عام پر آئیں۔ ان میں عرفان اقبال (۱۹۷۷ء) اقبال اور اُن کا فلسفہ (۱۹۷۷ء) اقبال کے مطالعہ کے تناظرات (۱۹۷۸ء)' اقبال نظریہ اور شاعری (نظام خطبات دہلی یونیورسٹی ۱۹۷۹ء) ہندوستان کدھر (۱۹۸۳ء)' جدید دنیا میں اسلام (۱۹۸۳ء) اردو میں دانشوری کی روایت ۱۹۸۵ء' اقبال فیض اور ہم (اردو مرکز لندن ۱۹۸۵ء) اقبال کی معنویت ۱۹۸۶ء قابل ذکر ہیں۔ ۱۹۸۷ء کے بعد آل احمد سرور کشمیر سے پھر علی گڈھ واپس آ گئے اور اپنے مضامین' مسودے' اشعار اور مشاہیر کے خطوط کو جمع کرنا شروع کر دیا۔ اُن کی خواہش تھی کہ ان میں موجود اہم مواد کتابی شکل میں محفوظ ہو جائے۔ اُن کی یہ

کوشش کامیاب رہی۔اورسرور کی مندجہ ذیل کتابیں شائع ہوئیں۔

پہچان اور پرکھ(۱۹۹۰ء)'خواب باقی ہیں (خودنوشت سوانح)۱۹۹۱ء'خواب اور خلش (شعری مجموعہ)۱۹۹۱ء'فکرروشن (۱۹۹۴ء)'خطبے کچھ کچھ مقالے (۱۹۹۴ء)'دانشوراقبال (۱۹۹۴ء(مجموعہ تنقیدات (۱۹۹۴ء)اردوتحریک(۱۹۹۹ء)اورافکار کے دیئے (۲۰۰۰ء)۔

اعزازات:۔ آل احمد سرور کی مجموعی خدمات کے اعتراف میں کشمیر یونیورسٹی نے ۱۹۸۹ء میں اُنہیں ڈی۔لٹ کی اعزازی ڈگری دی۔۱۹۹۰ء میں انہیں شعبۂ اُردوعلی گڑھ مسلم یونیورسٹی میں پروفیسرایمریٹس مقرر کیا گیا۔انہیں اتر پردیش اُردواکیڈمی سے چارمرتبہ اورساہتیہ اکیڈمی سے ایک مرتبہ انعام ملا۔سرورکو۱۹۹۲ء میں حکومت ہند نے پدم بھوشن کا خطاب دیا۔اور۲۰۰۱ء میں حکومت مدھیہ پردیش نے اقبال سمّان ایواڈ دیا۔

بیماری:۔آل احمد سرور پر ۲۷۔۲۸ مارچ ۱۹۹۶ء کی درمیانی شب فالج کا حملہ ہوا۔بائیں ہاتھ اور بائیں پیر پر ہلکا سا اثر ہوا تھا۔اور دماغ محفوظ رہا تھا۔اور بات کرنے کی رکاوٹ نہیں تھی۔داماد ڈاکٹر جلیل نے اُن کا دہلی میں علاج کرایا۔اپنے علاج کی تفصیلات بیان کرتے ہوئے سرور لکھتے ہیں:

"ڈیڑھ مہینے تک میرا قیام دہلی میں رہا۔ڈاکٹر عبدالجلیل کا علاج رہا۔اورتابندہ جلیل (نواسی) نے جو خودبھی ڈاکٹر ہے باقاعدہ مجھے دوائیں پلائیں اورایک دن کے وقفے سے پندرہ انجکشن دئے۔میں ایک آدمی کی مدد سے کچھ ورزش بھی کرتا تھا۔اور واکر کے سہارے دو چار قدم چل بھی لیتا تھا۔ڈیڑھ مہینے کے بعد ڈاکٹر عبدالجلیل نے کہا کہ اب کوئی خطرہ نہیں۔لیکن دوائیں برابر چلتی رہیں اس کا خیال رہے کہ بلڈ پریشر نہ بڑھنے پائے۔اورخاص طور سے ورزش کا التزام" ۲۲

فالج کے حملے کے بعد سرور میں پہلی جیسی تیزی اور توانائی باقی نہیں رہی تھی۔مستقل ورزش کے بعد

انہوں نے واکر کا استعمال تو چھوڑ دیا لیکن سہارے کی چھڑی استعمال کرتے تھے۔ بڑھاپے میں انسان اپنے آپ کو بے سہارا محسوس کرتا ہے اور اُسے اپنی موت کی یاد آنے لگتی ہے۔ اپنی عمر کے ستر اسی سال گزار لینے کے بعد سرور بھی کچھ اسی کیفیت سے دوچار تھے وہ لکھتے ہیں۔

''جب آدمی کی عمر خاصی ہو جائے تو اُسے موت کا خیال تو آتا ہی ہے مجھے بھی اکثر آتا ہے میں موت کے خیال سے خائف تو نہیں ہوں مگر اس خیال کا سایہ اکثر میرے ذہن پر منڈلاتا رہتا ہے۔۔ کچھ لوگ بڑھاپے میں ہر وقت نبض پر ہاتھ رکھے رہتے ہیں جب دیکھو اپنی بیماریوں کا تذکرہ' ہنسنا بولنا بھی تکلف سے تذکرہ بھی صرف ماضی کا اور اُن میں اپنے کارناموں کا شکر ہے کہ عمر کی اس منزل میں ابھی مجھ میں جینے کا ولولہ۔ کچھ کام کر جانے کا ارمان' کوئی اچھی سی کتاب پڑھنے کا شوق' دنیا کی رنگینیوں سے زندگی سے حسن سے دلچسپی باقی ہے۔''۲۳

آل احمد سرور کی زندگی کے آخری چند سال نہائت تکلیف دہ اور صبر آزما ثابت ہوئے۔ یکے بعد دیگرے اُن پر صدمے ٹوٹتے رہے۔ پہلے اُن پر فالج کا حملہ ہوا اور وہ فریش ہو گئے۔ پھر ۱۹۹۷ء میں اُن کے چھوٹے بیٹے جاوید احمد کے انتقال کی خبر نے اُنہیں شدید صدمے سے دوچار کر دیا۔ ابھی اُن کے بیٹے کی جدائی کی یادیں تازہ تھیں کہ جنوری ۲۰۰۲ء میں اُن کے داماد ڈاکٹر عبدالجلیل بھی داغ مفارقت دے گئے۔ یہ وہ سلسلہ وار حادثات تھے جنہوں نے سرور کو بجھا سا دیا تھا۔ ان حادثات سے سرور سنبھل نہیں سکے۔

انتقال:۔ آل احمد سرور اپنی بیماری بیٹے اور داماد کی جدائی سے سنبھل نہیں سکے وہ اپنی عمر کی نو دہائیاں مکمل کر چکے تھے۔ بالآخر ۹ رفروری ۲۰۰۲ء کی شب رات ڈیڑھ بجے وہ اس دار فانی سے کوچ کر گئے۔ انا اللہ وانا الیہ راجعون۔ انتقال کی رات انہوں نے قرآن شریف کی تلاوت کی تھی۔ سرور کا

انتقال دہلی میں ہوا۔ دوسرے دن اُن کی میت علی گڑھ لائی گئی۔ اور علی گڑھ میں ہی اُن کی تدفین عمل میں آئی۔ سرور کے انتقال پر اُردو دنیا میں رنج والم کی لہر دوڑ گئی۔ اور اُن کے بارے میں اظہار تعزیت ہوتا رہا۔ اپنے ایک تعزیتی مضمون میں پروفیسر نثار احمد فاروقی لکھتے ہیں۔

''سرور صاحب کے جانے سے اُردو کی محفل سونی ہوگئی ہے اب اگر کوئی اُن کی جگہ پُر کرنے والا آیا بھی تو اُسے اپنی صلاحیتوں کو نکھارنے اور سنوارنے میں ایک چوتھائی صدی درکار ہوگی...... کسی عالم کی موت سے دراصل ہمارا ایک وسیلہ حصول علم سے محروم ہوجاتا ہے سرور صاحب ایسے عالم تھے جن کی علمی وادبی خدمات کو تاریخ اُردو میں ہمیشہ یاد رکھا جائے گا۔'' ۲۴

علی گڑھ یونیورسٹی کے سلطان احمد سرور کی شخصیت کو خراج عقیدت پیش کرتے ہوئے لکھتے ہیں:

''آخرش ۹ رفروری ۲۰۰۲ء کی شب پیغام اجل آپہنچا اور آسمانِ علم ودانش کے اس درخشان ستارہ کو ہمیشہ کے لئے گہن لگ گیا۔ سرور صاحب نہ رہے لیکن اُنہوں نے کم وبیش سات دہائیوں پر محیط علمی و ادبی صحافتی، تہذیبی اور ثقافتی میدان میں جو کارہائے نمایاں انجام دئے ہیں وہ اُردو زبان وادب کا ایک قابل فخر سرمایہ ہے جس کی روشنی سے ایوان اُردو میں ہمیشہ چراغاں رہے گا۔ ۲۵

علی گڑھ یونیورسٹی شعبۂ اُردو کے پروفیسر اصغر عباس سرور کی وفات پر اظہار تعزیت کرتے ہوئے لکھتے ہیں

''انہوں نے اپنی دل آسا شخصیت میں ان تمام قدروں کو سمویا تھا۔ جو ہماری تہذیبی زندگی میں ایک اساس اور بنیاد کی حیثیت رکھتی ہیں۔ بہ حیثیت معلم کے انہوں نے کئی نسلوں کی تربیت کی۔ اُن کا رشتہ علی گڑھ سے سات دہائیوں پر پھیلا ہوا ہے۔ وہ اس ادارے کے سچے بہی خواہ تھے۔ اور واقعہ یہ ہے کہ علی گڑھ اُن کے نام سے جانا جاتا تھا۔ موت ہوا کی طرح آتی ہے اور چلی جاتی ہے اسی لئے موت کا صدمہ بھی عارضی ہوتا ہے لیکن قوم کا ایسا معتبر دانشور جو اپنے عہد کے مقصود کو لفظوں میں ڈھالیتا ہو اور

جس کی تحریر روحِ عصر کی عکاس ہو جو نکتہ داں بھی ہو نکتہ سنج بھی نکتہ شناس بھی ہو اور جس کی شخصیت قومی فکر و تہذیب کا افشردہ اور عصارا بھی ہو اُس کی موت کا صدمہ قومی صدمہ ہوتا ہے اور آج ہم جس فرد فرید کی وفات پر آنسو بہا رہے ہیں وہ ایسی ہی شخصیت تھی۔ شعبۂ اُردو کا یہ تعزیتی جلسہ پروفیسر آل احمد سرور کے سانحہ اور تحال پر اپنے دلی رنج و غم کا اظہار کرتا ہے'' ۲۶

مولانا رضوان القاسمی مرحوم آل احمد سرور کو ان لفظوں میں خراجِ عقیدت پیش کرتے ہیں:

ہم سے جو ہو سکا وہ کر گذرے

اب ترا امتحان ہے پیارے

''اُردو شعر و ادب کی جو محفل جمی جمائی اور سجائی تھی۔ پروفیسر آل احمد سرور کے چلے جانے سے اس محفل کی رونق پھیکی پڑ گئی۔ بلاشبہ اُن کی حیثیت صدرِ محفل کی تھی۔ اُن کی موجودگی سے محفل میں جان تھی۔ بہار تھی وقار تھا اعتبار تھا۔'' ۲۷

قاضی افضال حسین اپنی ایک تعزیتی تحریر میں سرور کے بارے میں لکھتے ہیں:

''پروفیسر آل احمد سرور کی رحلت پوری اُردو دنیا کے لئے گہرے رنج و غم کا سبب ہے وہ اپنے معاشرے سے اتنی مختلف سطحوں پر مربوط تھے کہ اب اُن کے نہ ہونے سے ایک شدید خلا کا احساس ہوتا ہے۔ جس کے تا دیر پُر ہونے کی کوئی امید نہیں'' ۲۸

آل احمد سرور کے بارے میں مختلف مشاہیر ادب کے ان تعزیتی بیانات سے اندازہ ہوتا ہے کہ وہ ادبی حلقوں میں کافی مقبول تھے۔ اُن کی رحلت اُردو دنیا کیلئے ایک عظیم نقصان ثابت ہوئی۔ وہ علی گڑھ کے پرستار تھے۔ اُنہوں نے کافی عرصے تک علی گڑھ کی خدمت کی۔ آج وہ نہیں رہے لیکن اُن کی یادیں اور علمی و ادبی کارنامے علی گڑھ یونیورسٹی کے سفر میں معاون رہیں تھی۔ اور آنے والی نسلیں اُن کے کارناموں سے فیضاب ہوتی رہیں گی۔

شخصیت:۔ پروفیسر آل احمد سرور کا دورِ حیات زائد از نو دہائیوں پر مشتمل رہا۔اس دوران مختلف ادوار میں اُن کی شخصیت کی تعمیر ہوتی رہی۔ بدایوں اور اتر پردیش کے مختلف شہروں میں اُن کا بچپن گذرا۔اسکول اور کالج کا زمانہ اور علی گڈھ یونیورسٹی کے ماحول نے اُن کی شخصیت سازی میں اہم کردار ادا کیا۔ پھر ملازمت کا زمانہ جس میں انہوں نے اپنا زیادہ تر وقت علی گڈھ میں گذارا تھا۔اس کے علاوہ رام پور،لکھنو ،کشمیر کا قیام بیرونی اسفار اور زندگی کے آخری ایام۔ زندگی کے مختلف پڑاؤ میں وقوع پذیر ہونے والے واقعات اور حوادث نے سرور کی شخصیت سازی میں حصہ لیا۔سرور کی شخصیت کی تعمیر میں متعدد عناصر کی کارفرمائی نظر آتی ہے۔اُن کی سیرت اور کردار پر علی گڈھ کی گہری چھاپ موجود رہی۔اُن کے ذہن کی تعمیر میں اقبالؔ،ذاکر حسین،رشید احمد صدیقی،خواجہ غلام السیدین،سر راس مسعود اور خواجہ منظور حسین کا فیض شامل ہے۔سرور نے انگریزی اور اردو دونوں زبانوں میں نہ صرف اعلیٰ تعلیم حاصل کی تھی بلکہ ان زبانوں کے ادب پر گہری نظر رکھتے تھے۔انہوں نے مشرق و مغرب کی اچھی قدروں کو اپنایا۔اُن کی ذات مشرق و مغرب،قدیم و جدید کا ایک خوبصورت امتزاج تھی۔یہی وجہ ہے کہ وہ بے حد مقبول تھے۔سرور کو بچپن ہی سے مطالعے کا شوق تھا۔وہ درسی کتابوں کے علاوہ دیگر کئی کتابیں بچپن ہی میں پڑھ چکے تھے۔اپنے مطالعے کی اس عادت کے بارے میں سرور لکھتے ہیں :

"میں کبھی کورس کی کتابیں گھر پر پڑھتا نہیں تھا۔جو کلاس میں پڑھایا جاتا تھا یاد ہو جاتا تھا۔میرے والد کا معمول تھا کہ وہ روزآنہ رات کے کھانے سے فارغ ہو کر مطالعہ کرتے تھے۔انگریزی یا اردو کی کوئی کتاب،کوئی ناول یا تاریخ یا کوئی مذہبی کتاب،انگریزی کی کتابیں تو اس وقت میری سمجھ میں نہ آتی تھیں۔لیکن اردو کی کوئی کتاب بغیر پڑھے نہ چھوڑتا تھا۔بدایوں میں بھی اکثر یہ ہوتا تھا کہ طلسم ہوشربا

کی کوئی جلد ہاتھ لگ گئی اب صبح سے شام تک اسی طلسم میں کھوئے ہوئے ہیں ابن خلدون اگر ہاتھ آ گئی تو اس کی کئی جلدیں پڑھ ڈالیں مراۃ العروس اور توبۃ النصوح بھی اسی زمانے میں پڑھ لی تھیں۔ بہت سے شعرا کے دیوان اور بہت سی ناولیں پڑھ چکا تھا۔' ۲۹

مطالعے کے اس شوق نے سرور کو ایک شاعر ادیب اور نقاد بنانے میں کافی مدد کی۔ بچپن میں عرس کی محفلوں، سماع کی محفلوں اور شعری محفلوں میں شرکت کرنے سے سرور کا شعری مذاق بھی کافی سلجھ چکا تھا۔ اور وہ بچپن ہی سے شعر موزوں کرنے لگے تھے۔ سرور بچپن سے پابندی سے اخبارات پڑھا کرتے تھے ہائی اسکول کے زمانے سے سرور میں قائدانہ صلاحیتیں اُبھرنے لگی تھیں۔ ہائی اسکول میں امتحان کے اوقات میں اضافے کیلئے انہوں نے ہیڈ ماسٹر سے کامیاب نمائندگی کی تھی۔ کالج اور یونیورسٹی میں وہ ڈبیٹ اور تقریری مقابلوں میں بڑھ چڑھ کر حصہ لیا کرتے تھے۔ اور انعامات حاصل کرتے رہے۔

کوئی انسان ہر میدان میں کامل نہیں ہوتا کسی کی شخصیت میں کچھ خوبیاں ہوں تو کچھ کمزوریاں بھی ہوتی ہیں۔ سرور کو بچپن ہی سے ریاضی پسند نہیں تھی۔ اسلئے وہ ریاضی میں کمزور رہے۔ اور بالآخر آگے چل کر انہوں نے آرٹس مضمون اختیار کیا۔ مذہبی معاملے میں اپنے گھر کے ماحول کو بیان کرتے ہوئے سرور لکھتے ہیں:

''ہمارے گھر میں خاصا مذہبی ماحول تھا نماز پابندی سے پڑھنے کی تاکید تھی۔ مگر شائد اس وجہ سے کہ صبح اُٹھنے کی کوئی خاص تاکید نہ تھی میں فجر کی نماز قضاء پڑھتا تھا یا گول کر جاتا تھا۔ والدرات کو دیر تک مطالعہ کرتے تھے اسلئے وہ بھی صبح دیر سے اُٹھتے تھے ہاں روزے سارا گھر پابندی سے کھتا تھا۔' ۳۰

سرور کے ان خیالات سے اندازہ ہوتا ہے کہ مذہب کے معاملے مس اُن کا گھرانہ شدت پسند نہیں تھا۔ اور وہ مذہبی اقدار کی پاسداری کرتے تھے۔ انسان کی شخصیت کی تعمیر میں اُس کی وضع قطع، لباس، غذا،

پسند ناپسند، مشاغل، عادات واطوار، دوست احباب اور دیگر عوامل حصہ لیتے ہیں۔

حلیہ اور وضع قطع: ۔آل احمد سرور درمیانی قد کے آدمی تھے۔اُن کا رنگ گورا اور جسم چھریرا تھا۔اکثر وہ سوٹ پہنتے۔کبھی کبھی شیروانی زیب تن کرتے۔اُن کا عمومی لباس پتلون اور شرٹ تھا۔گھر میں سفید ململ کا کرتا اور لٹھے کا پاجامہ پہنتے تھے۔سرور صاحب کی شخصیت ایسی تھی کہ اُن پر ہر رنگ کا لباس اور ہر طرح کا لباس جچتا تھا۔سردیوں کے موسم میں گرم شال اوڑھتے تھے۔انہوں نے بہت کم گاؤن پہنا ہے۔سرور اپنے لباس اور وضع قطع سے ایک پروفیسر قسم کے انسان لگتے تھے۔اور اُن کے چہرے سے دانشوری جھلکتی تھی۔اُن کے اور اپنے لباس کی پسند ناپسند کے بارے میں بیگم سرور کہتی ہیں:

جب ہماری شادی ہوئی تو یہ سوٹ نہیں پہنتے تھے۔ چوڑی دار پائجامہ اور اچکن پہنتے تھے۔سوٹ پہننا بعد میں شروع کیا۔اُن کو خود سے کوئی خاص رنگ یا کپڑے کا خیال نہیں تھا۔اُن کے اوپر نیلا رنگ بہت اچھا لگا کرتا تھا سب لوگ اُن کیلئے نیلی شرٹ بہت لاتے تھے۔زیادہ تر کپڑے چھوٹا بیٹا جرمنی سے بھیجا کرتا تھا۔اُن کو خود کوئی دلچسپی نہیں تھی۔ جب میں سفید کپڑے پہنتی تھی انہیں بہت بُرا لگتا تھا۔ زیادہ تر شوخ رنگ کے کپڑے لاتے تھے۔وہ جہاں بھی جاتے تھے میرے لئے ساڑی ضرور لاتے تھے۔''[۳۱]

بیگم سرور کے ان خیالات سے اندازہ ہوتا ہے کہ آل احمد سرور کو لباس میں نیلا رنگ بہت پسند تھا۔لباس میں رنگوں کا انتخاب اور پسند بھی کسی کی شخصیت کا آئینہ دار ہوتا ہے۔اور نیلا رنگ شائستگی او متانت کی علامت سمجھا جاتا ہے۔سرور بڑے نفاست پسند واقع ہوئے اور روزمرہ زندگی میں بڑی نفاست سے کام لیتے تھے۔شکل وشباہت کے اعتبار سے سرور خوش وضع لوگوں میں شمار کئے جاتے تھے۔سرور کے چہرے پر جو چیزیں نمایاں دکھائی دیتی تھیں۔اُن میں عینک اور پانکی سرخی بھی شامل تھی۔وہ ہر وقت

عینک لگائے رہتے تھے۔ ہونٹوں پر ہلکی سی پان کی سرخی ہمیشہ موجود رہتی تھی۔ جب بھی کسی سے ملتے اُسے پان پیش کرنا نہیں بھولتے تھے۔ وہ پان کے دلدادہ تھے۔

غذا: ۔لباس کے علاوہ غذا میں پسند ناپسند بھی کسی انسان کی شخصیت کی تشکیل کرتی ہے۔ سرور کو غذا میں سبھی طرح کے کھانے پسند تھے۔ خاص طور پر کھچڑا ٗ رساول ٗ کریلے اورارہر کی دال انہیں پسند تھی۔ گلا صاف رکھنے کیلئے وہ چنے بہت کھاتے تھے۔ کھانے کے بعد کوئی نہ کوئی میٹھی چیز ضرور کھاتے تھے۔ جسے وہ ''اوپر کی چیز'' کہتے تھے۔ سرور کو پائے بہت پسند تھے۔ اُن کی اس پسند کا شہریار مذاق اُڑایا کرتے تھے۔ سرور کو فیرنی بھی بہت پسند تھی۔ کھانے کے معاملے میں وہ کم خوراک والے انسان تھے۔ تاہم انہیں لذیذ اور نفیس کھانے پسند تھے۔ انہیں چائے بہت پسند تھی۔ اور چائے سے زیادہ کافی پسند کرتے تھے۔ سرور کھانے کو کوئی اہمیت نہیں دیتے تھے۔ اگر پسند کی ہوئی کتاب مل گئی تو دن رات اُسی میں کھوئے رہتے کھانا پینا سب بھول جاتے تھے۔ جو کچھ سامنے آیا کھا لیتے تھے۔ نمک کم ہے یا زیادہ ٗ کھانا ٹھنڈا ہے یا گرم ٗ اس کا انہیں احساس ہی نہیں ہوتا۔ کبھی یہ بھی ہوتا کہ کھانا کھایا یا نہیں اُنہیں معلوم نہیں ہوتا۔ غذا کے معاملے میں اُن کی لاپرواہی علم کے معاملے میں اُن کی گہری دلچسپی کو ظاہر کرتی ہے۔ اور اُن کی غذائی عادات کو دیکھ کر کہا جا سکتا ہے کہ اس معاملے میں وہ واقعی پروفیسر تھے۔ غذا کے معاملے میں آل احمد سرور کچھ تو ہم پرست بھی واقع ہوئے تھے۔ اپنی سوانح عمری خواب باقی ہیں میں انہوں نے لکھا کہ وہ جس مہینے میں (R) لکھا ہو۔ اس میں مچھلی نہیں کھاتے تھے۔ اس ضمن میں وہ لکھتے ہیں:

''ماسکو یونیورسٹی کے ایک ٹالسٹائے پر ریسرچ کرنے والے استاد ہمارے رہنما تھے کوئی تین گھنٹے بعد ہم کالنسک شہر میں پہنچے۔ جہاں ایک ریستوران میں ناشتہ کیا۔ ناشتہ ختم کر چکے تھے کہ مچھلی کی ایک

پلیٹ آئی۔ میں نے تو معذرت کر لی میں جس مہینے میں آر (R) ہو اس میں مچھلی نہیں کھاتا۔ بچپن میں کہیں پڑھا تھا کہ اس مہینے میں مچھلی نہیں کھانی چاہئے۔" ۳۲

اردو کے پائے کے نقاد اور غذا کے معاملے میں اس قسم کی توہم پرستی شائد سرور جیسی اعلی پائے کی شخصیت کو زیبا نہیں دیتی۔ اسلامی تعلیمات سے وہ اچھی طرح واقف تھے۔ تاہم بچپن کے کسی مطالعے کو انہوں نے راسخ العقیدہ بنالیا۔ اور اپنے خیالات کے مطابق مئی جون جولائی اگست کے علاوہ باقی آٹھ مہینوں میں جس میں (R) لکھا ہوتا ہے وہ مچھلی نہیں کھاتے۔ غذا کے معاملے میں سرور کی شخصیت کا یہ ایک عجیب وغریب پہلو رہا۔ سرور کو جہاں لذیذ کھانے پسند تھے وہیں اُن کی بیگم پکانے کے معاملے میں کمزور تھیں۔ گھر میں خانساماں پکوان کرتا تھا۔ بیگم سرور کو روٹی پکانی بھی نہیں آتی تھی۔ جبکہ شمالی ہندوالوں کی بنیادی غذا روٹی تھی۔ البتہ بیگم سرور کو انڈے کا حلوہ بنانا خواب آتا تھا۔ وہ آلو کی سبزی بھی بنالیتی تھیں۔ بہرحال سرور زیادہ تر ملازم کے ہاتھ کا بنا کھاتے رہے۔

ازدواجی زندگی:۔ سرور کی شادی اگست ۱۹۳۶ء میں خان بہادر رحمان بخش قادری کی بڑی لڑکی زاہدہ سے ہوئی۔ دونوں کی ازدواجی زندگی خوشگوار رہی۔ خدا نے انہیں دو بیٹے صدیق اور جاوید احمد اور ایک بیٹی مہہ جبین دی تھی۔ سرور جب آل انڈیا ریڈیو دہلی پر تقریر ریکارڈ کرنے جاتے تھے تو آتے وقت بیوی بچوں کیلئے پھل اور بیوی کیلئے ساڑی ضرور لاتے تھے۔ دیگر اسفار کے موقع پر بھی وہ ساڑی لانا نہیں بھولتے۔ ہندوستان میں سرور نے جہاں بھی ملازمت کی اپنے خاندان کو ساتھ رکھا۔ بڑھاپے میں انسان چڑچڑا ہو جاتا ہے۔ بیماری کے دنوں میں جب بیگم سرور وقت پر دوائی لینے کا اصرار کرتیں تو اکثر سرور غصے میں آجاتے اور اپنا غصہ پیالی توڑ کر اُتارا کرتے تھے۔ ناراض بیوی کو منانے کے انداز کے بارے میں بیگم کہتی ہیں:

''دوستوں کے آنے کا کوئی وقت نہیں تھا۔کوئی آٹھ بجے آرہا کوئی نو بجے کوئی ایک بجے' کھانا میز پر لگا ہوا ہے اور یہ بیٹھے باتیں کررہے ہیں۔اس سے میرا موڈ آف ہوجاتا تھا۔اس سے بڑی کھینچا تانی ہوتی تھی۔کبھی کبھی بول چال بھی بند ہوجاتی تھی۔وہ بچوں سے(Message) بھجوایا کرتے تھے۔ لیکن بات کرنے کی پہل ہمیشہ وہی کرتے تھے۔شروع میں سرور ان باتوں پر بھی بہت ناراض ہوتے تھے جیسے وقت پر چائے نہ ملی ہو۔یا پان صحیح نہ بنے ہوں اس پر انہوں نے ایک چھوٹی سی نظم بھی کہی تھی۔

''کیا بتاؤں آج کل گھر میں اندھیر ہے
چائے آنے میں تکلف ناشتے میں دیر ہے
ریڈیو کھولے ہوئے بیٹھا ہے کوئی اسطرح
اہل ایماں حوض کوثر کے کنارے جس طرح
کوئی خراٹوں کی کرتا ہے عجب بستر پہ مشق
کوئی انداز جنوں کی کررہا ہے گھر میں مشق

بعد میں ان کا غصہ کم ہوگیا۔''۳۳؎

پرورش اولاد:۔ آل احمد سرور اپنی اہلیہ زاہدہ سرور کیلئے ایک چاہنے والے شوہر'اور اپنے بچوں کیلئے ذمہ دار باپ تھے۔وہ بچوں کی جہاں پرورش اونگہداشت کی ذمہ داری بخوبی نبھاتے تھے۔وہیں بچوں سے لاڈ و پیار کرتے تھے۔اور اکثر اُن کے ساتھ کھیلا کرتے تھے۔انہیں کہانیاں سنایا کرتے تھے۔اوراچھی باتیں بتایا کرتے تھے۔تاش کھیلتے' کیرم کھیلتے اور بیت بازی کی محفلیں جمتی تھیں۔بچوں کی دوٹیمیں ہوا کرتی تھیں۔ایک ٹیم میں سرور اور دوسری ٹیم میں زاہدہ بچوں کے ہمراہ ہوا کرتیں۔بیگم سرور اکثر وزن سے باہر شعر پڑھا کرتیں۔جس پر سرور اُن کی غلطیاں نکالتے۔سرور کے بچوں نے

گڑیوں کا کھیل نہیں کھیلا بلکہ وہ اپنے والد سے غالب، اقبال اور میر کے قصے سنا کرتے تھے۔ سرور بچوں کو نظمیں لکھ کر دیا کرتے اور انہیں تاکید کرتے کہ مشکل الفاظ کے معنی فوراً ڈکشنری میں دیکھ لیا کریں۔ سرور بچوں سے گھنٹوں باتیں کرتے تھے۔ اور انہیں چہل قدمی کے وقت ساتھ لیجاتے۔ جب وہ نانا بن گئے تو انہوں نے اپنے نواسی نواسوں پر تین قطعے اور چار قطعے کے عنوان سے نظمیں لکھیں۔ سرور نے اپنے بچوں کو اردو سکھائی تھی۔ لیکن انہوں نے بچوں پر دباؤ نہیں ڈالا کہ وہ کبھی بڑے ہو کر ان کی طرح اردو کو اپنا اوڑھنا بچھونا بنالیں۔ اُن کے بڑے بیٹے جاوید احمد صدیقی کا جب نومبر ۱۹۹۷ء میں جوان عمری میں انتقال ہو گیا تو سرور دلبرداشتہ ہو گئے تھے۔ اپنے جذبات کا اظہار کرتے ہوئے لکھتے ہیں:

''شام زندگی کی اس ملگجی اور دھندلی فضاء میں ایک ایسے حادثے سے دوچار ہوا ہوں جس نے میرے اعصاب کو جھنجوڑ کر رکھ دیا ہے۔ ۷رنومبر ۱۹۹۷ء کو اطلاع ملی کہ میرے چھوٹے لڑکے جاوید احمد صدیقی کا جرمنی کے شہر مائنس میں سوتے میں انتقال ہو گیا۔ اس اطلاع کو پا کر دل پر جو بیت گئی اُس کو الفاظ کا جامہ پہنانا میرے بس میں نہیں۔..... اٹھاون سال کی عمر میں اس کا اچانک داغ مفارقت دے جانا اس کی ماں کیلئے میرے لئے اس کی بہن بھائی اور دوسرے اعزہ کیلئے ایک ایسے خلا کا باعث ہے جو کبھی پُر نہ ہو سکے گا۔ مجھے اُس کی موت پر کسی انگریزی شاعر کے یہ اشعار اکثر یاد آیا کرتے ہیں۔

''اُس نے اپنی شمع کو دونوں سروں سے جلایا شمع پوری رات نہ جل سکی۔
لیکن میرے دوستو! اور اے میرے دشمنو! دیکھنا اُس کی روشنی کیسی تابناک تھی۔ ۳۴

سرور کے داماد ڈاکٹر عبدالجلیل نے سرور کی علالت کے زمانے میں اُن کا علاج کیا تھا۔ ان کی بیٹی اور سرور کی نواسی تابندہ جلیل بھی ڈاکٹر تھیں۔ سرور کی وفات سے کچھ مہینے قبل ڈاکٹر جلیل کا بھی انتقال ہو گیا تو سرور کافی غمزدہ ہو گئے۔

مذہبی عقائد:۔ سرور تعلیم یافتہ انسان تھے۔اور وہ مذہب کے بارے میں اعتدال پسند روشن خیالات رکھتے تھے۔بچپن میں اُن کی تعلیم کا آغاز مذہبی تعلیم سے ہوا تھا۔پانچ سال کی عمر میں اُن کی بسم اللہ ہوئیتھی۔بدایوں میں مولانا عبدالقدیر نے اُن کی بسم اللہ پڑھائی تھی۔سرور مجموعی طور پر مذہبی قسم کے آدمی تھے۔اُن کا خاندان مولویوں کا خاندان تھا۔انہوں نے کبھی داڑھی نہیں رکھی۔لیکن کبھی مذہب سے بیزاری کا اظہار نہیں کیا وہ کٹر قسم کے مذہبی انسان نہیں تھے۔وہ قرآن شریف کی تلاوت کیا کرتے تھے۔مرنے سے قبل آخری رات انہوں نے تلاوت کی تھی۔سرور کو اقبال کی فکر و فلسفہ جنون کی حد تک پسند تھا۔اسطرح اقبال کو پسند کرتے ہوئے انہوں نے اقبال کے بیان کردہ مذہبی افکار سے اپنی پسندیدگی اور لگاؤ کا ثبوت دیا ہے۔اپنی تحریروں میں انہوں نے مذہب اسلام کی تعلیمات پر عمل کرنے کے ساتھ معاملات کے شعبہ میں مسلمانوں کو خاص طور سے توجہ دلانے کی کوشش کی ہے۔محمد مجیب یادگاری خطبہ میں سرور اپنے مذہبی خیالات پیش کرتے ہوئے کہتے ہیں:

''ہم نے اسلام جیسے جامع اور ہر شعبہ حیات کیلئے مشعل راہ مذہب کو صرف عقائد اور عبادات میں محصور کر دیا ہے۔معاملات کی ہمیں کوئی پرواہ نہیں حالانکہ معاملات کے ذریعہ سے ہی ہم سماجی زندگی میں صالح قدروں کو عام کر سکتے ہیں۔'' ۳۵

سرور کے ان خیالات سے اندازہ ہوتا ہے کہ وہ مذہب کے معاملے میں عقائد عبادات کے ساتھ معاملات کی درستگی کو بھی اہمیت دیتے تھے۔مسلمانوں کیلئے ضروری ہے کہ وہ افراط وتفریط کا شکار ہوئے بغیر مذہب کے عقائد کے ساتھ اُس کے عملی پہلوؤں پر بھی توجہ دیں۔اور پہلے سے منتشر قوم کو مزید منتشر ہونے اور دنیا کے سامنے جگ ہنسائی سے بچائے رکھیں۔آل احمد سرور نے اپنی سوانح میں اپنی زندگی کے احوال مفصل بیان کیئے۔اور زندگی کے عملی دور کی تفصیلا تو اقعات' اشخاص کا تذکرہ کیا ہے۔

لیکن مذہب کے حوالے سے اپنی زندگی میں پیش آنے والے واقعات یا حالات کا تذکرہ نہیں کیا۔اور نہ ہی اس طرف کوئی اشارہ ملتا ہے۔اس سے اندازہ ہوتا ہے کہ مذہبی معاملات کو سرور نے داخلی اہمیت دی تھی۔اور انہیں عوام میں لانا مناسب نہیں سمجھا۔تاہم مذہب اسلام کے بارے میں ایک مقام پر اپنے خیالات کو فلسفیانہ انداز میں پیش کیا ہے۔ایسا لگتا ہے کہ سرور مذہب کے موضوع پر تقریر کر رہے ہیں سرور لکھتے ہیں:

''میں مسلمان ہوں اور مولانا آزاد کے الفاظ میں ''اسلام کے تیرہ سو سال کے سرمائے کا امین میرا اسلامی تشخص میری روح کی تترجمانی کرتا ہے۔۔۔اسلام مجھے ہندوستانی قومیت سے نہیں روکتا۔ بلکہ بقول مولانا آزاد''اس میں میری رہنمائی کرتا ہے یہ واقعہ ہے کہ مذہب مجھے اپنے خاندان اور ماحول سے ملا۔مگر میرے ذاتی مطالعے اور تجربات نے اس بنیاد کو مستحکم کیا۔بدایوں کے ماحول میں مذہب قدامت پسندی، روایت پرستی، معجزوں اور کرامات اور پیروں اور فقیروں پر اندھے اعتقاد کا نام تھا۔توحید پر عقیدہ مساوات انسانی کی طرف لے جاتا ہے۔خدا صرف رب المسلمین نہیں رب العالمین ہے۔رسول مقبولﷺ کی سیرت کی جامعیت مجھے شروع سے متاثر کرتی رہی ہے۔اسلام ترک دنیا نہیں سکھاتا یہ دنیا کا حق ادا کرنا سکھاتا ہے۔مگر دنیا کو آخرت کی کھیتی سمجھنا اسلام میں کٹر پن نہیں ہے۔اسلام میں حق اللہ سے زیادہ حق العباد کی اہمیت ہے۔''۳۶

مذہب اسلام کے بارے میں سرور کے یہ خیالات ایک مرتبہ پھر مذہب کے بارے میں اُن کے تھکے ذہن کا احساس دلاتے ہیں۔آگے سرور نے لکھا کہ مسلمان جدید دور کے تقاضوں سے ہم آہنگ ہوں۔اور اجتہاد کرتے ہوئے زندگی کے عصری مسائل کا اسلام کی روشنی میں حل تلاش کریں۔اس کیلئے وہ دانشور طبقے کو قوم کی رہنمائی کا ذمہ دار قرار دیتے ہیں۔اس ضمن میں وہ لکھتے ہیں:

''مسلمانوں کی رہنمائی اب صرف وہ علما نہیں کر سکتے جو قدیم سرمایہ علمی پر ہی نظر رکھتے ہیں بلکہ وہ روشن خیال اور دانشور طبقہ کر سکتا ہے جو جدید علوم اور جدید زندگی پر گہری نظر رکھنے کے ساتھ اسلامی تعلیمات سے پوری طرح آشنا ہو۔ اور تعلیمات اُس کیلئے مشعل راہ ہوں .... مسلمانوں کا یہ فرض ہے کہ وہ خود مسلم پرسنل لا پر نظر ثانی کریں۔ اس کام میں حکومت کا کوئی دخل نہیں ہونا چاہئے۔'' [۳۷]

سرور نے اس اقتباس میں مسلم پرسنل لا میں تبدیلی کی جو بات کی ہے وہ آزاد خیال مسلمان ہی کر سکتا ہے۔ تاہم آگے انہوں نے لکھا کہ مولانا علی میاں جیسی قابل شخصیت اور جسٹس ہدایت اللہ جیسے قانون داں سے مذہبی وقانونی نکات مسلمان حل کر سکتے ہیں۔ اسطرح سرور نے مذہب کے بارے میں اپنی وسیع تر معلومات اور اُس پر اپنی نظر کا ثبوت دیا ہے۔

شب و روز کی مصروفیات :- سرور زمانہ ملازمت اور بعد کے ایام میں بھی مصروف رہا کرتے تھے۔ استاد اُردو، شعبہ اُردو کے صدر انجمن ترقی کے اُردو کے جنرل سکریٹری، اُردو ادب اور ہماری زبان کے مدیر، مختلف کمیٹیوں کی رکنیت، تصنیف و تالیف کے مشاغل، مطالعے کا حد سے زیادہ شوق، ہر کام خود کرنے کی عادت سرور یہ تمام کام اپنی چوبیس گھنٹے کی زندگی میں ڈسپلن کے ساتھ انجام دیا کرتے تھے صبح ناشتے کے بعد عموماً تقریباً ساڑھے نو بجے شعبۂ اُردو میں داخل ہوتے اپنے احباب پر نظر ڈالتے اور اپنے کمرے میں پہونچنے کے بعد کاموں میں مصروف ہو جاتے بے تکلف ملاقاتی سے باتوں کے دوران اپنا کام جاری رکھتے کلاس کے وقت بلا تکلف لوگوں سے معذرت کر لیتے تھے۔ وقت مقررہ پر ریسرچ اسکالرز کے کام کی جانچ کرتے شعبہ کے دیگر اساتذہ سے کسی مسئلہ پر فوری بات کرتے عام طور پر دیڑھ بجے شعبہ سے نکل جاتے۔ دوپہر کے کھانے کے بعد ذرا دیر آرام کرتے۔ لیٹے لیٹے کوئی رسالہ دیکھتے۔ تین سے پانچ بجے انجمن کے کام کرتے۔ شام کو بلاناغہ ٹہلنے جاتے۔ رات

اور صبح کا وقت سنجیدہ عملی کام کرتے۔اور اس میں مداخلت پسند نہیں کرتے تھے۔وہ اکثر گھریلو ماحول کے درمیان رہ کر ہی لکھتے تھے۔انہوں نے لکھنے پڑھنے کے لئے گھر میں الگ سے کوئی گوشہ نہیں بنایا تھا۔ایک مخصوص کرسی تھی۔جس کے دونوں ہاتھ نکلے ہوتےتھے۔اس پر ڈھیر ساری کتابیں ہوتی تھیں سرور لکھتے وقت توجہ مرکوز رکھتے۔شور و ہنگامہ ہوتو تنہائی میں بیٹھتے۔زیادہ تر رات کو لکھتے تھے اپنے لکھنے کے تجربے کو بیان کرتے ہوئے لکھتے ہیں۔

''کسی موضوع پر لکھنا ہوتو اس کے لئے مطالعہ خاص توجہ سے کرتا ہوں۔مختلف پرچوں پر نوٹ بھی لیتا رہتا ہوں۔لکھنے بیٹھتا تو ہوں تو پہلے دو ایک صفحے پھاڑنے پڑتے ہیں کیوں کہ آغاز سے مطمئن نہیں ہوتا۔اگر دو تین صفحے ہو گئے تو پھر مضمون مکمل کرنے کی دُھن سوار ہو جاتی ہے اور دو تین دن میں مضمون مکمل ہو جاتا ہے''۳۸

آل احمد سرور اکثر پہلے مضمون لکھ لیتے تھے بعد میں اُس پر نظر ثانی کرتے تھے۔انہیں احساس تھا کہ وہ خوش خط نہیں لکھتے تھے۔اور وہ خوش خط لکھنے والے کو بہتر انسان سمجھتے تھے۔سرور کی حد سے زیادہ مصروفیات کی وجہ سے لوگ اُن سے خفا بھی رہتے تھے۔خاص طور سے تاریخ ادب اُردو کی کتاب میں غلطیوں کے آجانے سے اور اسی حالت میں کتاب کی اشاعت سے وہ نادم رہے تھے۔آل احمد سرور اخبار پابندی سے پڑھتے تھے۔انگریزی اخبار ہندو اور ہندوستان ٹائمز'ہندی اور اُردو اخبارات پڑھتے تھے۔آخری ایام میں ایک لڑکا اُنہیں اخبار پڑھ کر سناتا تھا۔ریڈیو پر خبریں بہت سنتے تھے۔خصوصاً BBC کی خبریں۔رات کو بغیر نیوز سُنے نہیں سوتے تھے۔البتہ انہیں ٹیلی ویژن یا فلم دیکھنے کا شوق نہیں تھا۔سرور مشاعروں میں شرکت کرتے تھے۔مگر اپنا کلام نہیں پڑھتے تھے۔ایک دو مشاعروں میں شائد کلام سنایا ہوگا۔اگر انہیں کسی مشاعرے کی صدارت کرنی پڑے تب کلام بھی سُناتے تھے۔علی گڑھ میں یوم آزادی اور یوم جمہوریہ کے مشاعرے شروع کرائے اور اُس میں کلام بھی

سنایا۔ دہلی میں ہونے والے دلّی کی آخری شمع'' مشاعرے میں بھی سرور نے کلام سُنایا تھا۔ سرور کے پاس بے شمار خطوط آتے تھے۔ اور وہ ہر خط کا جواب پابندی سے دیتے تھے۔

شخصیت کی دیگر خوبیاں :۔ آل احمد سرور بہت اصول پسند تھے۔ رعایت اُن کے مزاج میں نہیں تھی۔ چاہے معاملہ داخلے کا ہو یا وظیفہ کا کسی کے تقرر کا معاملہ ہو یا امتحان میں نمبروں میں کمی و بیشی کا سرور نے ہمیشہ اپنے لئے سخت اصول قائم کئے۔ اور لوگوں کی ناراضگی مول لی لیکن اُصولوں کو قربان نہیں کیا۔ وہ نہایت صاف گو اور حقیقت پسند تھے۔ وہ اپنے اُصولوں کو مصلحتوں یا شخصیتوں سے متاثر ہو کر قربان کرنا نہیں چاہتے تھے۔ تنگ نظری و تعصب پسندی کے خلاف تھے۔ بحثیت فن کار اور بہ حیثیت انسان اُن میں کچھ زیادہ تضاد نہیں تھا۔ اُن کی تحریر کی شگفتگی اُن کے مزاج سے بھی جھلکتی تھی بے جا طرف داری اور نفرت سے دور رہے۔ دوستی اور تعلقات میں اپنے اُصولوں سے تجاوز نہیں کیا۔ آل احمد سرور کبھی جذباتی نہیں ہوتے تھے۔ کسی موضوع پر بات کر رہے ہوں یا کسی سے گفتگو کر رہے ہوں وہ اپنے جذبات کو قابو میں رکھتے تھے۔ دوران گفتگو دوستوں کے نقطۂ نظر کا بھی احترام کرتے۔ اپنی کہی ہوئی بات اعتماد سے کرتے لیکنبات میں لچک کی گنجائش بھی رکھتے۔ کسی کی مخالفت کرنا بھی ہوتو شگفتہ انداز میں بات کرتے اور مخالفین بھی اُن کی بات کا اعتراف کر لیتے۔

دوست احباب :۔ زندگی کے مختلف ادواروں میں آل احمد سرور کی مختلف احباب سے دوستی اور شناسائی رہی۔ آپ کے حلقہ احباب میں ہر طرح کے لوگ شامل رہے۔ وہ دوستوں کی خوبیوں کا بڑی فراغ دلی سے اعتراف کرتے اور ان کی کمزوریوں پر بے باکی سے نکتہ چینی کرتے۔ صحیح نکتہ چینی کو وہ سچی دوستی کی کسوٹی سمجھتے۔ دوستی کے پردے میں انہوں نے کبھی دشمنی نہیں کی۔ کالج کے زمانے میں اُن کے دوستوں میں رضی چشتی، مسرت حسین زبیری، آنند نرائن مُلا اور رشید احمد صدیقی

قابل ذکر ہیں دیگر احباب میں قیصر حسین رضوی، افضل بیگ، خواجہ غلام محمد صادق اختر رائے پوری اور حیات اللہ انصاری شامل ہیں۔ بی ایس سی کرنے کے دوران اُن کی دوستی مجاز اور جذبی سے بھی ہوئی۔

سرور کے روابط اُردو والوں کے علاوہ دیگر شعبہ حیات سے متعلقہ شخصیتوں سے بھی رہے۔ دراصل انہیں تعلقات عامہ میں کمال حاصل تھا۔ میڈیکل کالج کے ڈاکٹر نعیم انصاری، فزکس ڈپارٹمنٹ کے ڈاکٹر سعید الظفر چغتائی اور شعبہ معاشیات کے ڈاکٹر اولاد احمد صدیقی بھی سرور کے ملاقاتیوں اور حلقہ احباب میں شامل رہے۔ اُن کی شناساتی کی نیرنگی کا تذکرہ کرتے ہوئے علی گڑھ یونیورسٹی کے شعبہ انگریزی کے سابق پروفیسر محمد یسٰین لکھتے ہیں:

''وہ اپنے مرقع میں ہر قسم کی تصویروں کو شامل کرنے کے قائل تھے۔ اور اپنے ادبی اور سیاسی نظریات کی وضاحت ''جلوۂ صد رنگ'' کی روشنی میں کرتے تھے

ہے رنگ لالہ وگل ونسریں جدا جدا

ہر رنگ میں بہار کا اثبات چاہیے

سرور صاحب زندگی اور ادب میں انسانی اقدار اور جدید افکار کے حامی تھے۔ اور اثباتیت ور جائیت کی بنیاد پر انسانیت کے لئے بہتر مستقبل کی بشارت دیتے۔ [۳۹]

لوگوں سے برتاؤ کے بارے میں سرور کے رویے کا تذکرہ کرتے ہوئے پروفیسر کبیر احمد جائسی لکھتے ہیں:

''سرور صاحب کے جو اوصاف نمایاں ہو کر سامنے آئے ان میں سے ایک یہ ہی کہ وہ خوشی خوشی جینے اور بھرپور زندگی گذارنے کے گرُ سے نہ صرف آگاہ ہیں بلکہ اُس کے عارف بھی ہیں۔ وہ نہ تو کبھی مخالفت سے گھبراتے ہیں نہ طیش میں آکر کف در وہان ہوتے ہیں۔ وہ اپنے مخالفوں کے منہ نہیں لگتے اور نہ کبھی اُن کے بارے میں نا ملائم کلمات کہتے ہیں اُن کا قول ہے کہ میں حاسد نہیں

محسود ہونا پسند کرتا ہوں۔ وہ شدائد و مصائب سے گھبراتے نہیں اُن کا خاموشی اور یک سوئی سے مقابلہ کرتے ہیں اور جب اُن کا خاتمہ ہو جاتا ہے تو گزرے ہوئے اوصاف شکن حالات سے لطف اندوز ہونے کا فن بھی جانتے ہیں''۔[۴۰]

پروفیسر گیان چند جین نے لکھا تھا کہ سرور کو دشمن بنانا خوب آتا ہے۔ یہ سرور کی مجبوری تھی کہ وہ حق بات کہہ دیتے تھے۔ اور اپنے مزاج میں غیر جانبدار رہے۔ یہ اُن کی ذات کی ایسی خوبیاں تھیں کہ اُن وجہ سے موقع پرست لوگ کبھی کبھی اُن کی مخالفت اور دشمنی پر اُتر آتے تھے۔

سرور کی شخصیت اور اُن کردار سازی میں اُن کے اساتذہ اور دیگر دانشوران کا ہاتھ رہا ہے۔ بچپن میں بدایوں کے مولوی صاحب' ماسٹر رام ناتھ اور کالج میں پروفیسر انتھونی' پروفیسر پانڈیا' حامد حسین قادری' پروفیسر فورڈ اور پروفیسر مہاجن وغیرہ سے اکتساب حاصل کیا۔ سرور نے انگریزی کے لکچرر خواجہ منظور حسین سے ''جانسن'' اس انداز میں پڑھا کہ خود اُن کی انگریزی دانی اچھی ہوگئی۔ خواجہ منظور حسین کی بدولت وہ ترقی پسند تحریک سے روشناس ہوئے۔ اور اُس کا اثر قبول کیا۔ دیگر احباب میں رشید احمد صدیقی ذاکر حسین' عابد حسین' مولانا عبدالماجد دریابادی' اصغر گونڈوی اور سید سامان ندوی سے سرور نے کافی اثر لیا۔ یہ تمام لوگ سرور کی شخصیت سازی میں کسی نہ کسی طرح شامل رہے۔ سرور نے اعتراف کیا کہ منظور صاحب نے نہیں عالمی معیارات سے روشناس کرایا' انگریزی ادب سے عشق سکھایا۔ رشید احمد صدیقی نے اُردو ادب کی خدمت کی طرف مائل کیا۔ اور ذاکر حسین نے انہیں ادب کو زندگی کی اعلیٰ قدروں سے ہم آہنگ کرنا سکھایا۔ آل احمد سرور سرسید خان اور اُن کی عملی و اصلاحی تحریک کی بڑی قدر کرتے تھے۔ ۱۹۳۵ء تا ۱۹۴۵ء کے درمیان آل احمد سرور مولوی عبدالحق اور ڈاکٹر ضیاء الدین سے کافی متاثر رہے۔ مولوی عبدالحق سرور کو بہت چاہتے تھے۔ اور وہ انجمن ترقی اُردو کے جانشین کے لئے سرور کو ہی منتخب کرنا چاہتے تھے۔ یونیورسٹی میں انتخاب کے موقع پر مولوی عبدالحق نے

سرور کو احتشام حسین پر ترجیح دی۔ اس سے مولوی عبدالحق کے نزدیک آل احمد سرور کی چاہت کا اندازہ ہوتا ہے۔

مشاغل:۔ آل احمد سرور کو مطالعہ، سیر و سفر اور اہل علم سے ملاقاتوں کا شوق رہا۔ ادبیات کے علاوہ دیگر علوم سے بھی اُن کی دلچسپی رہی۔ زمانہ طالب علمی سے ہی انہیں مطالعہ کا کافی شوق تھا۔ وہ کسی کتاب کا مطالعہ تیزی سے کرتے تھے۔ ایک کتاب کا صبح سے شام تک ختم کر لینا اُن کے لئے آسان کام تھا۔ آخری دنوں میں آنکھ کی تکلیف کے باوجود مطالعہ کے شوق کو جاری رکھا۔

سرور کو سیر و تفریح کا شوق تھا۔ کشمیر کی سیر اور وہاں کے خوبصورت مناظر کو انہوں نے لطیف انداز میں پیش کیا۔ بیرون ملک سفر کے احوال بھی انہوں نے اپنی سوانح میں پیش کئے۔ سرور نے ۱۹۷۷ء میں پاکستان کا دورہ کیا تھا۔ اور وہاں اُردو کے شعرا ادیبوں سے ملاقاتیں کیں۔ ادبی اجلاسوں میں شرکت کی۔ دورہ پاکستان کے تاثرات بیان کرتے ہوئے سرور لکھتے ہیں:

''اس سفر سے مجھے خاصا ذہنی فائدہ ہوا پہنچا۔ اُردو زبان و ادب کی طاقت اور توانائی اس کی رنگارنگی اور ہمہ گیری کا احساس ہوا۔ مغرب کی ذہنی غلامی سے آزاد ہونے اور اپنی دھرتی اور ماحول کے ساتھ عالمی مناظر پیدا کرنے کی جو کوشش ہندوستان اور پاکستان میں اب نظر آ رہی ہے۔ اس کی اہمیت اور معنویت اب روشن ہوئی۔ جس طرح یہاں سیاہ اور سفید نئے خانے اس سختی سے نہیں بنائے جاتے اسی طرح وہاں بھی زندگی کی گدلی گمبھیر حقیقتوں کا احساس بڑھا ہے۔ ضرورت ہے کہ دونوں ملکوں کے دانشور اور ادیب ایک دوسرے کے نقطہ نظر کو سمجھیں اور امن پسندی اور رواداری اور انسان دوستی کے میلانات کو مستحکم کریں۔ اس براعظم کی صلاح و فلاح اس سیدھے سادے نکتے میں ہے۔ بقول جگر۔ میرا پیغام محبت ہے جہاں تک پہونچے۔[41]

سرور ایک دانشور تھے۔ اور دانشوری کی روایت کو برقرار رکھتے ہوئے انہوں نے اپنے دورۂ پاکستان کو بھی اپنے مطالعہ کی چیز بنایا۔ اور اس مطالعہ کے بعد ہندوستان و پاکستان کی فلاح کی باتیں کہیں۔ اس طرح کا رویہ انہوں نے اپنے دیگر اسفار کے موقع پر بھی برتا۔ سرور کو مناظر فطرت بہت پسند تھے۔ اور اُن کا بیان بھی انہوں نے شاعرانہ انداز میں کیا۔ سرور نے جب بھی اور جن علاقوں کا سفر کیا وہاں کی زندگی، لوگوں کے طرز معاشرت اور اُن کی فکر کا بھی گہرائی سے مطالعہ کیا۔ اور اپنی سوانح میں اُس پر اپنی تجزیاتی رائے بھی پیش کی۔ سرور نے ملازمت سے سبکدوشی کے بعد سرسید نگر میں ایک بڑا سا مکان تعمیر کیا تھا۔ مگر اُس کی آرائش پر وہ زیادہ توجہ نہیں کر سکے۔ انہیں تاش کھیلنے کا بھی شوق تھا۔ پان اور تاش سرور کی زندگی کے لازمی شوق اور مشاغل تھے۔

خامیوں کا احساس:۔ ہر انسان میں کچھ خوبیاں ہوں تو کچھ خامیاں بھی ہوتی ہیں۔ اکثر انسان کو اپنی خوبیاں ہی دکھائی دیتی ہیں۔ اور دوسرے لوگ اُس کی خامیاں تلاش کرتے ہیں۔ سرور ایک اچھے نقاد تھے۔ اور اپنی تنقیدی صلاحیت کو انہوں نے اپنی ذات کی خامیاں تلاش کرنے میں بھی استعمال کیا۔ اپنی سوانح میں انہوں نے اپنی خامیوں کا ذکر کیا ہے۔ سرور اپنی سوانح میں اپنی شخصیت کے منفی پہلوؤں کو اُجاگر کرتے ہوئے لکھتے ہیں کہ:

''مجھے اپنی کمزوری کا احساس ہے۔ میری زندگی منظّم اور مرتب نہیں ہے۔ مجھ میں کوئی ایسی امنگ (Ambition) نہیں جو ہر دم مجھے دنیا میں آگے بڑھنے اور نئی سیڑھیاں چڑھنے پر اُکسائے۔ یکسوئی سے اور باقاعدگی سے کام کرنا بھی میرے لئے آسان نہیں۔ پڑھتا زیادہ ہوں لکھتا کم ہوں۔ دربارداری کسی طرح کی پسند نہیں نہ اپنی نہ دوسروں کی۔ وقت پر کام نہیں کر پاتا........ لوگوں کو پہچاننے میں مجھ سے بارہا غلطی ہوئی ہے۔''[۴۲]

اسی طرح سرور نے کہیں لکھا کہ میری زندگی میں کوئی نظم وضبط نہیں ہے۔اور یہ کہ میں بعض معاملات میں بہت سست واقع ہوا ہوں۔سرور نے اس بات پر بھی افسوس کا اظہار کیا کہ انہیں مشرقی اور مغربی موسیقی سے واقفیت برائے نام تھی۔اس طرح سرور نے اپنی خود احتسابی کرتے ہوئے جرات مندی کا اظہار کیا ہے۔

پیغام حیات:۔آل احمد سرور نے زائد نو دہائیوں تک اس کارزار حیات میں اپنی شخصیت کے ان مٹ نقوش چھوڑے۔اور اپنی ذات اور فکر وفن سے زندگی کی مثبت قدروں کی ترویج کی۔اپنی سوانح کے آخر میں سرور اپنا پیغام حیات پیش کرتے ہوئے لکھتے ہیں۔

''عقیدہ زندگی کا ایک محور دیتا ہے عقیدہ کردار کو ایک صلابت عطا کرتا ہے۔یہی مصاف زندگی میں سیرت فولاد عطا کرتا ہے۔اور شبستان محبت میں حریرو پرنیاں بھی۔اردو والے اردو کی زبوں حالی دیکھ رہے ہیں مگر مشاعروں کی تفریح اکیڈمیوں کے کھلونوں' حکومت کے وعدوں سے بہل جاتے ہیں۔خود کچھ نہیں کرتے نہ ابتدائی تعلیم کیلئے اسکول قائم کرتے ہیں' نہ بالغوں کی تعلیم کیلئے' نہ استادوں کی تربیت کی فکر کرتے ہیں' نہ کتابوں کی فراہمی کی' وہ وژن وہ لگن' وہ دُھن وہ گُن سماج میں عام کرنے کی انہیں فکر نہیں۔ جو زندگی کو اخلاقی بلندی سماجی خیر اور سماجی سبھاؤ کی طرف لے جائے...ادب ذہن میں ہلچل پیدا کر کے تسلسل کی پاسداری کے ساتھ تغیر کی طرف لے جاتا ہے۔ .....زمانہ اتنی تیزی سے بدل رہا ہے کہ میں اپنے آپ کو بہت پرانا محسوس کرنے لگا ہوں۔حالانکہ زندگی بھر نئے میلانات اور رجحانات سے خود آشنا ہونے اور دوسروں کو روشناس کرانے کی کوشش کرتا رہا ہوں۔ میں نے عمر بھر چند قدروں کو عزیز رکھا۔ادب سے عشق کیا' مناظر فطرت کے حُسن سے جب موقع ملا دل و دماغ کو تازگی اور روشنی دیتا رہا' میرا کسی سیاسی پارٹی سے تعلق نہیں رہا'

لیکن اپنے وطن اور اُس کی مشترک تہذیب سے محبت کے ساتھ عالمی تناظر میں لوگوں اور چیزوں کو دیکھنے کی کوشش کرتا رہا۔ اس زمانے میں سب کچھ لینے اور کم سے کم دینے کا رجحان عام ہے۔ اس کے برخلاف میرا مسلک یہ رہا ہے کہ لینے کے ساتھ کچھ دے بھی سکوں۔ میرا یقین ہے کہ زبان کی اچھی بنیاد کے بغیر ادب کی خاطر خواہ ترقی نہیں ہو سکتی۔۔۔۔ ہمارے ہاں ہر شخص ناصح مشفق ہے۔ جو دوسروں کو اُن کا فرض تو یاد دلاتا رہتا ہے مگر خود اپنے فرض کو فراموش کیئے رہتا ہے۔ خدا کرے یہ ذہن بدلے اور فروعات کی طرف سے توجہ ہٹا کر بنیادی حقائق سے نگاہیں چار کرنے کا میلان عام ہو۔''[۴۳]

آل احمد سرور نے اپنی سوانح کے آخر میں جن خیالات کا اظہار کیا ہے اس سے اُن کی شخصیت کی تعمیر کے عناصر کا پتہ چلتا ہے۔ اور وہ چاہتے ہیں کہ لوگ بھی زندگی کی مثبت قدروں کو اپنائیں۔ اور اختلافات کو ایک طرف رکھ کر بنیادی مسائل کی طرف توجہ دیں۔

آل احمد سرور کی شخصیت کئی صفات کا مجموعہ تھی۔ اُن کی شخصیت اور اُن کی صفات کی خوبیوں کا تذکرہ کرتے ہوئے پروفیسر گوپی چند نارنگ نے انہیں بھر پور خراج پیش کیا ہے۔ پروفیسر نارنگ لکھتے ہیں:

''اگر مرد خلیق کو وسیع معنی میں لیں یعنی علمی روایت سے آگہی، مشرقی روایت کا عرفان، بین الاقوامی سرمائے پر نظر، علم و دانش کی جدید رجحانات سے باخبر اعلیٰ درجے کا ادبی ذوق، غیر مشروط کشادہ ذہن، فن کی اہمیت و عظمت کا احساس، ادبی اقدار کی پاسداری، جانب داری سے گریز.....شگفتہ شستہ اور شعریت کا حامل طرز اسلوب، شائستگی اظہار، بردباری، متانت، میانہ روی ان سب باتوں کو نظر میں رکھیں اور اُسے وقت سے ضرب دیں کیونکہ یہ نصف صدی کا حصہ ہے دو چار برس کی بات نہیں تو شائد اس شخصیت کی کچھ جھلک سامنے آئے جس کا نام آل احمد سرور ہے۔''[۴۴]

سرور نے اردو ادب اور اردو کے ادیبوں پر اپنی شخصیت کے گہرے نقوش چھوڑے تھے۔اُن کے چلے جانے سے ایک دانشور کی کمی ہوگئی۔سرور کی شخصیت کی یادوں کے سہارے کہا جاسکتا ہے کہ

جانے والے کبھی نہیں آتے

جانے والوں کی یاد آتی ہے

پروفیسر اصغر عباس آل احمد سرور کی تعزیتی قرارداد میں لکھتے ہیں:

''موت ہوا کی طرح آتی ہے اور چلی جاتی ہے۔اسی لئے موت کا صدمہ بھی عارضی ہوتا ہے۔لیکن قوم کا ایسا معتبر دانشور جو اپنے عہد کے مقصود کو لفظوں میں ڈھالتا ہو۔اور جس کی تحریر روح عصر کی عکاس ہو۔جو نکتہ داں بھی ہو نکتہ سنج بھی ہو نکتہ شناس بھی ہو اور جس کی شخصیت قومی فکر و تہذیب کا افشردہ اور عصارا بھی ہو۔اس کی موت کا صدمہ قومی صدمہ ہوتا ہے۔''[۴۵]

آل احمد سرور جسمانی طور پر تو اس جہان فانی میں نہیں رہے لیکن اُن کی یادیں اُن کی شخصیت کے نقوش' اُن کی دانشوی اُن کی فکر اور اُن کا فن لوگوں کو اُن کی یاد دلاتا رہے گا۔اور اُن کی تنقیدیں ادب کو سمجھنے میں اور اپنا تنقید رویہ اختیار کرنے میں اردو کی نئی نسلوں کی معاونت کرتی رہیں گی۔

حوالے

۱۔ آل احمد سرور۔ انٹرویو خلیل الرحمٰن اعظمی کے ساتھ۔ مشمولہ۔ آل احمد سرور شخصیت اور فن مرتبہ امتیاز احمد ۱۹۹۷ء

۲۔ سیدہ جعفر پروفیسر۔ مضمون آل احمد سرور۔ سیاست ادبی سپلیمنٹ ۱۱۶ کتوبر ۲۰۰۰ء

۳۔ عابدانساء۔ پروفیسر آل احمد سرور حیات اور ادبی خدمات۔ حیدر آباد ۱۹۸۰ء ۱۲

۴۔ م۔ق۔ سلیم۔ روزنامہ سیاست ۲۵ رفروری ۲۰۰۲ء ادبی سپلیمنٹ

۵۔ آل احمد سرور۔ خواب باقی ہیں ۱۸

۶۔ آل احمد سرور۔ خواب باقی ہیں ۲۲

۷۔ آل احمد سرور۔ خواب باقی ہیں ۱۷

۸۔ آل احمد سرور۔ خواب باقی ہیں ۳۸

۹۔ سلطان احمد۔ مضمون۔ پروفیسر آل احمد سرور اور علی گڑھ۔ مشمولہ۔ فکر و نظر سرور نمبر علی گڑھ۔ نومبر ۲۰۰۳۔

۱۰۔ عابدالنساء۔ پروفیسر آل احمد سرور حیات اور ادبی خدمات ۱۷

۱۱۔ سلطان احمد۔ مشمولہ فکر و نظر ۵۷ سرور نمبر

۱۲۔ آل احمد سرور خواب باقی ہیں۔

۱۳۔ آل احمد سرور۔ مشمولہ انٹرویو۔ بیگم سرور سے خصوصی ملاقات۔ فکر و نظر سرور نمبر ۲۹۴

۱۴۔ بیگم سرور۔ انٹرویو مشمولہ۔ فکر و نظر سرور نمبر ۲۹۰

۱۵۔ آل احمد سرور۔ خواب باقی ہیں۔ ۷۰

۱۶۔ آل احمد سرور۔ خواب باقی ہیں ۱۱۲

۱۷۔ آل احمد سرور۔ خواب باقی ہیں ۳۷۲۔

۱۸۔ آل احمد سرور۔ خواب باقی ہیں ۱۱۵۔

۱۹۔ آل احمد سرور۔ بحوالہ فکر و نظر۔ سرور نمبر ۶۰۔

۲۰۔ آل احمد سرور۔ خواب باقی ہیں ۱۵۶۔

۲۱۔ سلطان احمد مشمولہ فکر و نظر سرور نمبر ۶۷۔

۲۲۔ آل احمد سرور۔ خواب باقی ہیں۔

۲۳۔ آل احمد سرور۔ خواب باقی ہیں۔

۲۴۔ نثار احمد فاروقی مشمولہ فکر و نظر سرور نمبر ۱۳۳۔

۲۵۔ سلطان احمد مشمولہ فکر و نظر سرور نمبر ۲۳۵۔

۲۶۔ اصغر عباس مشمولہ فکر و نظر سرور نمبر ۵۶۔

۲۷۔ رضوان القاسمی سیاست ۱۸ فروری ۲۰۰۲ء

۲۸۔ قاضی افضال حسین مشمولہ فکر و نظر سرور نمبر ۵۶۔

۲۹۔ آل احمد سرور۔ خواب باقی ہیں۔ ۸۵۔

۳۰۔ آل احمد سرور۔ خواب باقی ہیں۔ ۱۵۵۔

۳۱۔ بیگم سرور مشمولہ فکر و نظر سرور نمبر ۳۱۵۔

۳۲۔ آل احمد سرور۔ خواب باقی ہیں۔

۳۳۔ بیگم سرور مشمولہ فکر و نظر سرور نمبر ۳۱۶۔

۳۴۔ آل احمد سرور۔ خواب باقی ہیں۔ ۶۵۔

۳۵۔ آل احمد سرور۔ خواب باقی ہیں۔ ۱۱۰۔

۳۶ آل احمد سرور۔ خواب باقی ہیں۔ ۱۴۸

۳۷ آل احمد سرور۔ خواب باقی ہیں۔ ۱۷۷

۳۸ آل احمد سرور۔ خواب باقی ہیں۔ ۲۱۴

۳۹ مشمولہ فکر و نظر سرور نمبر ۱۵۸

۴۰ کبیر احمد جائسی مشمولہ فکر و نظر سرور نمبر ۲۱۰

۴۱ آل احمد سرور۔ خواب باقی ہیں۔ ۲۱۵

۴۲ آل احمد سرور۔ خواب باقی ہیں۔ ۲۲۵

۴۳ آل احمد سرور۔ خواب باقی ہیں۔ ۲۸۰

۴۴ آل احمد سرور۔ خواب باقی ہیں۔ ۳۱۰

۴۵ اصغر عباس مشمولہ فکر و نظر سرور نمبر ۱۴۸

باب دوم

سوانح نگاری فن اور روایت

سوانح نگاری ایک ایسا فن ہے جس کے ذریعہ شخصیت کی زندگی کے حالات تفصیلی طور پر جمع کئے جاتے ہیں اور کسی شخصیت اور اُس سے متعلق عہد کو سوانح میں محفوظ کردیا جاتا ہے۔ اور شخصیت سے متعلق تمام پہلوؤں کو اُجاگر کرنے کی کوشش کی جاتی ہے۔ سوانح نگاری ادب کی ایک ایسی صنف ہے جس میں افراد کی زندگیوں کی تاریخ بیان کی جاتی ہے۔ سوانح نگاری ایک پیچیدہ اور مشکل فن ہے۔ سوانح نگار کا موضوع ظاہر ہے ایک زندہ شخصیت ہوتی ہے۔ جس کی زندگی حقیقی حالات سے مرتب ہوتی ہے۔ مورخ کی طرح سوانح نگار کو بھی مختلف ذرائع سے حاصل کردہ معلومات کا تجزیہ کر کے ان کی صداقت کی جانچ پڑتال کرنا پڑتی ہے۔ اور ان سے منطقی نتائج حاصل کرنا ہوتے ہیں۔ دیگر اصناف کی طرح سوانح نگاری کا فن بھی انگریزی ادب کے زیر اثر اردو زبان میں رائج ہوا۔

سوانح نگاری کی تعریف: ۔انسائیکلوپیڈیا آف برٹانیکا میں سوانح عمری کی یہ تعریف کی گئی ہے۔

> ''سوانح نگاری کسی انسانی روح کی مہمات حیات کی ہو بہو تصویر ہے'' [۱]

پروفیسر گیان چند جین سوانح نگای کے بارے میں اظہار خیال کرتے ہوئے لکھتے ہیں:

> ''سوانح عمری بیانیہ صنف ہے۔ جو تاریخ کی طرح مکمل غیر جانب داری اور صحت مانگتی ہے'' [۲]

پروفیسر مرزا اکبر علی بیگ سوانح نگاری کا مفہوم بیان کرتے ہوئے لکھتے ہیں:

> ''سوانح حیات کا مطالعہ ایک خاص نقطۂ نظر سے مطالعہ فطرت ہے
> اور اس کا لکھنا حقیقت میں فطرت نگاری ہے۔ سوانح حیات ایک
> ریکارڈ ہے اُن ارتسامات کا جو گونا گوں خارجی واقعات اور داخلی
> تاثرات کے تسلسل سے تشکیل پاتے ہیں۔''[۳]

مجموعی طور پر سوانح نگاری منتخبہ شخصیات کے حالات زندگی کا بیان ہوتی ہے۔ جس سے کسی شخصیت کے مختلف پہلوؤں کو منظر عام پر لانا مقصود ہوتا ہے۔ تا کہ ان کے مطالعے سے لوگوں کیلئے مثال قائم ہو سکے۔

سوانح نگار کے فرائض:۔ سوانح نگاری کے فن کی انتہا محض معلومات کی فراہمی ہی نہیں ہے بلکہ ایک ایسا تاثر مرتب کرنا بھی ہے جو اس شخصیت کی زندگی کا بھرپور احساس دلا سکے۔ اس لئے سوانح نگار کو سیرت نگاری کی اعلیٰ صفات کا حامل ہونا ضروری ہے۔

سوانح نگار کو کبھی کبھی اصل مواد میں تھوڑا بہت تخیل سے مدد لینے کی صلاحیت اور گنجائش رکھنی پڑتی ہے۔ بے ربط اور پراگندہ واقعات میں ربط اور ہم آہنگی پیدا کرنے اور زندگی کا ایک موثر نقش تیار کرنے کے لئے سوانح نگار کو واقعات کے انتخاب اور ان کی معنوی اہمیت کے اتار چڑھاؤ کو ترتیب دیتے وقت اپنے تخیل سے کام لینا ضروری ہے۔ چنانچہ واقعات کا انتخاب اور اور معنوی اعتبار سے ان کی ترتیب سوانح نگاری کے فن کا ایک اہم پہلو ہے۔ سوانح نگار ایسی شخصیت کا انتخاب کرتا ہے جس سے وہ بخوبی واقف ہوتا ہے۔ کبھی کبھی شخصیت ہم عصر اور سوانح نگار کی ہم پیشہ بھی ہو سکتی ہے۔ سوانح نگار شخصیت سے اپنی ملاقاتوں کی یادوں کے ذریعہ بھی مواد تیار کرتا ہے۔ لیکن ایسا کرنے میں سوانح نگار کو سوانح میں اپنی شخصیت کو ابھارنے سے زیادہ سوانح میں بیان کردہ شخصیت کے بیان پر زور دینا

چاہئے۔شخصیت کے بارے میں سوانح نگار کی اچھی اور بری رائے ہوسکتی ہے۔لیکن سوانح عموماً سوانح بڑی اور عظیم شخصیات کے بارے میں لکھی جاتی ہے اس لئے سوانح نگار کو چاہئے کہ وہ شخصیت کے مثبت پہلوؤں کو زیادہ اجاگر کرے اور منفی پہلوؤں کو سرسری طور پر بیان کرے۔سوانح نگار اپنے دلچسپ اور منفرد اسلوب کے ذریعہ بھی اپنی سوانح میں جان ڈال سکتا ہے۔مجموعی طور پر سوانح کی کامیابی کے لئے شخصیت کے احوال سے زیادہ سوانح نگار کی جدت' ندرت اور دلچسپ انداز ضروری ہے۔صابرہ سعید ایک اچھے سوانح نگار کیلئے درکار مہارت کے بارے میں لکھتی ہیں۔

''سوانح نگار کیلئے ضروری ہے کہ ایک مکمل تصویر پیش کردے جو کسی انسان کی پیدائش سے لے کر موت تک کے تمام حالات افکار وافعال کی تاریخ وار نقوش سے مزین ہو۔ایک مستقل سیرت میں انسان کی زندگی کے تقریباً تمام پہلوؤں پر روشنی ڈالی جاتی ہے۔سوانح نگار کو اپنے موضوع کی شخصیت اور کارناموں کو واضح طور پر پیش کرنا پڑتا ہے....سوانح نگار کیلئے ضروری ہے کہ وہ اپنے ہیرو کو ایک انسان کی حیثیت سے پیش کرے۔

اس کی شخصیت کے تمام پہلو پوری طرح واضح ہوں تاکہ اس کا ہیرو ایک جیتا جاگتا انسان معلوم ہو اور وہ اپنی انفرادیت کی تمام گہرائیوں اور داخلیت کی ساری وسعتوں کے ساتھ قاری کے ذہن پر نقش ہوجائے۔'' [۴]

سوانح نگاری کی ضرورت:۔ انسانی تہذیب وتمدن کے ارتقاء کے ساتھ ادب کی مختلف اصناف وجود میں آئیں۔چھپائی کے عام ہونے سے کتابوں اور اخبارات ورسائل کا چلن عام ہونے لگا۔تعلیم کے فروغ کے ساتھ لوگوں کی توجہ اپنے اطراف اور اپنے ماضی میں گزری ان سرکردہ

شخصیتوں کی جانب ہوئی جن کی شخصیت اور اُن کے کارنامے وخدمات اس قابل تھے کہ انہیں محفوظ کر کے آنے والی نسلوں کیلئے اُن سے رہنمائی کا کام لیا جاسکے۔ ایسے ماحول میں ان افراد کی زندگیوں کے حالات قلمبند کرنے کی طرف توجہ ہوئی جو متوسط اور نچلے طبقے سے تعلق رکھتے تھے۔ جنہوں نے کسی علم یا فن میں کمال حاصل کیا تھا یا اپنے کارناموں کے بیان کے ساتھ اُس کی سیرت کے مختلف پہلوؤں کو اُجاگر کیا جائے۔

سوانح نگاری کی اقسام:۔ سوانح دو قسم کی ہوتی ہیں۔ تاریخی اور ادبی۔ تاریخی سوانح میں فرد کی زندگی کے واقعات سچائی کے ساتھ بیان ہوتے ہیں ادبی حیثیت میں سوانح کے اسلوب اور سانچے کے ذریعہ جمالیاتی ذوق پہونچانے کی کوشش کی جاتی ہے۔ ہم عصر شخصیت کے بارے میں سوانح لکھی جارہی ہو تو سوانح نگار اپنے ذاتی روابط، ہم عصر لوگوں کے تاثرات اور اپنے موضوع کے پس منظر سے واقفیت کے بعد بھر پور طریقے سے سوانح کو ترتیب دی سکتا ہے۔ ہم عصر شخصیات اور متاثر کرنے والی شخصیات پر سوانح لکھنے میں جانبداری کا امکان رہتا ہے۔ حالیؔ نے اپنی مربی شخصیات غالبؔ اور سرسید اور جن سے وہ متاثر رہے یعنی سعدی کے بارے میں جو سوانح لکھی ہیں وہ ہزار خوبیوں کے باوجود جانبداری کے الزام سے محفوظ نہیں رہ سکیں۔ اور آج بھی حالیؔ کی ان سوانح عمریوں پر ''مدلل مداحی'' کا الزام عائد کیا جاتا ہے۔ سوانح نگاری کی دوسری قسم وہ ہے جس میں سوانح نگار کا بیان کردہ شخصیت سے کوئی تعلق نہیں ہوتا۔ ایسی صورت میں سوانح نگار کو اپنا مواد حاصل کرنے کے لئے بڑی چھان بین کرنی پڑتی ہے۔ اور کبھی کبھی معلومات میں خلاء رہ جاتا ہے۔

داستان کی طرح سوانح میں بھی ابتداء سے آخر تک دلچسپی برقرار رکھنا سوانح کی کامیابی کی علامت سمجھا

جاتا ہے۔سوانح میں شخصیت کی سیرت بے نقاب ہوتی ہے۔ غیر جانبداری کے ساتھ ذاتی اور نجی حالات بیان کئے جاتے ہیں۔سوانح میں موضوع کی کوئی قید نہیں ہوتی ایک معمولی انسان سے لے کر عظیم ترین شخصیات بھی سوانح کا موضوع ہوسکتی ہیں سوانح نگار تصوراتی نہیں بلکہ ایک حقیقی شخص کی مرقع کشی کرتے ہیں اور اس دوران مکالمے' لطائف' ظرافت' خطوط اور افسانے کا رنگ استعمال کرتے ہوئے کسی شخصیت کی سوانح میں دلچسپی پیدا کی جاتی ہے۔

اردو میں سوانح نگاری کی روایت:۔حقیقت پسندانہ سوانح نگاری بیسویں صدی کی پیداوار ہے۔جدید سوانح نگاروں میں ''پلوٹارک'' اور باسول'' نے کافی شہرت حاصل کی۔ان لوگوں نے اپنی سوانح میں کسی انسان کے حالات ہی قلمبند نہیں کئے بلکہ ایک روح کی مکمل تحقیق کی ہے۔اردو ادب میں حالؔی نے حیات سعدی (۱۸۸۲ء) یادگار غالبؔ (۱۸۹۷ء) اور حیات جاوید (۱۹۰۱ء) لکھ کر سوانح نگاری کی صحت مند روایات چھوڑیں۔جن پر چلتے ہوئے شبلی نعمانی' فرحت اللہ بیگ اور رشید احمد صدیقی وغیرہ نے سوانح نگاری کے فن کو ترقی دی۔اب سوانح نگاری کی دلچسپی کسی فرد میں اس وجہ سے نہیں ہے کہ وہ کوئی مثالی یا غیر معمولی حیثیت رکھتا ہے۔ بلکہ یہ دلچسپی اس فرد کی شخصی اور انتہائی منفرد حیثیت کی بنا پر ہے۔جدید نفسیات نے ہیرو کا تصور باطل کردیا ہے۔انسان نیکی و بدی' کمزوری و طاقت' خطا اور ثواب کا مرکب ہے۔اور اسی سے اس کی نفسیات مرتب ہوتی ہے۔حالؔی کی سوانح نگاری جدید سوانح نگاری کے فروغ سے پہلے کی چیز ہے۔چنانچہ ان کی سوانح نگاری پر مغربی سوانح نگاری کے اثرات تلاش کرنا بے سود ہے۔تاہم ایسا معلوم ہوتا ہے کہ وہ وکٹورین عہد کی سوانح نگاری سے متاثر تھے۔جس کے تحت سوانح نگار اکثر ایسے نجی معاملات' روزمرہ کے واقعات اور شخصیت کی کمزوریاں نظر انداز کردیتا ہے جو مذکورہ فرد کے کردار کو اچھی روشنی میں پیش نہ کرتے ہوں۔تاہم اس

حقیقت سے انکار نہیں کیا جا سکتا ہے کہ حالیؔ نے اردو میں نہ صرف شعوری طور پر سوانح نگاری کو فروغ دیا بلکہ اردو میں اپنی سوانحی کتابوں کے ذریعے سوانح نگاری کی مضبوط روایت چھوڑی۔ جس پر چلتے ہوئے بعد کے سوانح نگاروں نے سوانح نگاری کے فن میں نکھار پیدا کیا۔ اور اردو میں کئی اچھی سوانحی کتابیں لکھی گئیں اور کئی نامور سوانح نگار سامنے آئے۔

خودنوشت سوانح نگاری:۔

اگر کوئی ادیب اپنی زندگی کے حالات خود بیان کرے اور اسے کتابی شکل میں پیش کرے تو ایسی کتاب خودنوشت سوانح (Auto Biography) کہلاتی ہے۔ اردو کے بعض ممتاز ادیبوں، شاعروں اور دانشوروں نے اپنی سوانح خود لکھ کر شہرت حاصل کی۔ اردو میں سب سے اچھی خودنوشت سوانح سید رضا علی کی ''اعمال نامہ'' ہے اسی طرح رشید احمد صدیقی کی ''آشفتہ بیانی میری'' جوش کی ''یادوں کی برات'' خواجہ غلام السیدین کی ''مجھے کہنا ہے کچھ اپنی زبان میں'' اور آل احمد سرور کی ''خواب باقی ہیں'' مشہور ہوئیں۔ پروفیسر آل احمد سرور خودنوشت سوانح لکھنے کی دشواریاں بیان کرتے ہوئے لکھتے ہیں:

> ''خودنوشت سوانح لکھنا بظاہر بہت آسان ہے لیکن دراصل خاصا مشکل۔ اس کی وجہ یہ ہے کہ ماضی کے واقعات کو کافی عرصہ گذر جانے کے بعد دہرانے میں مکمل معروضیت ممکن نہیں۔ جو واقعات پہلے گذر چکے ہیں وہ بعد میں یا تو کچھ بڑے اور پھیلے ہوئے یا کچھ چھوٹے اور سکڑے ہوئے نظر آتے ہیں یہ صرف حافظے کی کرشمہ سازی نہیں ہے بلکہ وقت گزر جانے کے ساتھ آدمی کی شخصیت میں بھی کچھ تبدیلیاں ہو جاتی

ہیں بچپن اوعنفوان شباب کی یادیں قدرتی طور پر زیادہ سنہری ہوتی
ہیں۔ان کے بیان میں جذباتیت سے مکمل طور پر رہائی ممکن نہیں ہے۔
خودنوشت تاریخ نہیں ہے مگراس میں تاریخی حقائق ضروری ہیں۔
یہ واقعات کا خشک بیان بھی نہیں ہے۔ان واقعات کے ساتھ جو
کیفیات وابستہ ہیں اُن کی داستان بھی ہے۔آپ بیتی جگ بیتی
بھی ہے۔ کیونکہ اپنی زندگی میں ایک فرد اپنے خاندان، ماحول
،علمی اداروں، تحریکوں، شخصیات، تہذیبی، ادبی معاشرتی اور
سیاسی حالات سے دوچار ہوتا ہے. بہر حال کوشش یہ ہونی چاہئے
کہ لکھنے والا اپنے ساتھ ایمان داری برتے۔ جینا ایک فن ہے
اور آپ بیتی ایک فن لطیف۔اس سے عہدہ برآ ہونے کیلئے بڑی
سچائی، بڑے ریاض اور بڑے کھرے پن کی ضرورت ہے اس کا
راستہ بھی پل صراط کی طرح بال سے باریک اور تلوار سے تیز ہے۔۵

اردو کے ممتاز محقق و ماہر لسانیات پروفیسر گیان چند جین خودنوشت سوانح کو اس لئے پسند نہیں کرتے کہ اس میں ذاتی تعریف کا پہلو غائب رہتا ہے۔خودنوشت سوانح کی کمزوریاں بیان کرتے ہوئے وہ لکھتے ہیں:

”آپ بیتی لکھنا تلوار کی دھار پر چلنے کے برابر ہے۔سوانح عمری بیانیہ
صنف ہے جو تاریخ کی طرح مکمل غیر جانبداری اور صحت مانگتی ہے لیکن
جب بات اپنی ذات کی ہو تو غیر جانبداری معلوم نہیں یہاں تو جانبداری
ہی جانبداری ہے۔خودنوشت نگار اشخاص واقعات کے جن بیانات کو

مکمل سچ کے طور پر پیش کرتا ہے کون جانے کوئی دانائے راز انہیں کو
نیم صداقت' یا اس سے بھی پرے حقیقت کو مسخ کرنے کی کوشش قرار دے۔
اسی لئے بعض حضرات کو سوانح سے یہ تاثر ملتا ہے کہ ان کی نظر میں
وہ ہمیشہ صحیح موقف پر تھے۔ دوسرے عام لوگ غلطی پر تھے۔
خودنوشت میں انسان اپنے بجا اکتسابات کو بھی بیان کرے تو ایسا لگتا ہے
کہ وہ خود اپنا ڈھول پیٹ رہا ہے۔ زندگی میں کئی بار ایسا ہوتا ہے کہ اغیار
ہم سے بے انصافی یا بے مروتی کرتے ہیں۔ اُن کا بیان کیا جائے تو معلوم
ہوگا کہ آپ بیتی کو اپنے دل کے پھپھولے پھوڑنے کا ذریعہ بنایا ہے اسی
لئے میں نے کہا کہ آپ بیتی نگاری تلوار کی دھار پر چلنا ہے۔ ٦

آپ بیتی کے بارے میں اردو کے نقادوں کی آرا کا خیال کرتے ہوئے آل احمد سرور نے بھی اس بات کا اعتراف کیا ہے کہ یہ آپ بیتی چونکہ اُن کی ہے اسلئے لازمی طور پر ان کی شخصیت کے ذریعہ اپنے موقف کی وضاحت کرتے ہوئے سرور لکھتے ہیں :

خودی میں ڈوبتے ہیں پھر ابھر بھی آتے ہیں
مگر یہ حوصلہ مرد ہیچ کارہ نہیں (اقبال)

اپنی پوری زندگی پر نظر ڈالنا یعنی اس میں ڈوب جانا مگر اس سے
اُبھر آنا کوئی آسان کام نہیں۔ ہوسکتا ہے کہ کچھ لوگوں کو اس
میں داستان گوزیادہ نظر آئے۔ اور چونکہ یہ میری داستان ہے
اسلئے اگر اسٹیج پر روشنی میرے اوپر زیادہ ہے تو اس صنف کی مجبوری
ہے۔ بقول حسرت یہ "شوق کی بلندی اور ہمتوں کی پستی" والی بات ہو۔

میں نہ تو اپنا قصیدہ پڑھنے کا قائل ہوں نہ بے جا انکسار کا۔ جس طرح وقت گزرا، جو سوچا، جو کیا جو نہ کیا۔ جس طرح بکھرا اور سمٹا، ٹوٹا اور جڑا، جو پایا اور کھویا، اس کی جھلک تو بہر حال ان صفحات میں مل جائے گی۔ ۷

آل احمد سرور نے اپنی خودنوشت پر صدق دلی سے اعتراف کر دیا۔ پروفیسر گیان چند جین آل احمد سرور کے اردو ادب میں بلند مرتبے کے قائل ہیں چنانچہ خودنوشت کے بارے میں اپنے ذاتی تحفظات رکھنے کے باوجود وہ سرور کی شخصیت اور علمی و ادبی خدمات کے معترف ہیں۔ اسلئے ان کی خود نوشت کی ستائش کرتے ہوئے لکھتے ہیں:

"خودنوشت سوانح لکھنا بڑے آدمیوں ہی کو زیب دیتا ہے۔ "خواب باقی ہیں" کو پڑھ کر پہلا تاثر یہی ہوتا ہے کہ ایک بڑے آدمی کی سوانح ہے جو اپنے زمرے میں بالیقین ممتاز ہے"۔ ۸

سوانح نگاری کے فن اور اس کی اہمیت جانتے ہوئے اردو میں سوانح نگاری اور خودنوشت سوانح نگاری کی روایت دیکھنے سے پتہ چلتا ہے کہ اردو میں سوانح نگاری کی روایات پختہ ہیں اور سوانح نگاری کے فن کے ذریعہ کسی بھی دور کی عظیم شخصیات کے حالات زندگی کو محفوظ کر دیا جا سکتا ہے۔ اور سوانح نگاری کی مدد سے عظیم شخصیات کا یہ مطالعہ نئی نسل کی تہذیبی و ثقافتی، اخلاقی و تعلیمی تربیت کا باعث ہو سکتا ہے۔

حوالے

۱ مشمولہ۔اردو ادب میں خاکہ نگاری۔صابرہ سعیدہ ۶۷

۲ گیان چند جین پروفیسر۔مشمولہ پروفیسر آل احمد سرور شخصیت اورادبی خدمات کتاب نما کا خصوصی شمارہ۔ مرتبہ خلیق انجم دہلی ۱۹۹۲ء۔ ۸

۳ مرزا اکبر علی بیگ۔عزیز مرزا۔شخصیت حیات اور کارنامے۔ ۶ حیدرآباد ۱۹۸۸ء

۴ صابر سعید۔اردو ادب میں خاکہ نگاری۔۷۷ تا ۷۹

۵ آل احمد سرور۔خواب باقی ہیں ۷۔ ۸ علی گڑھ ۲۰۰۰ء

۶ گیان چند جین پروفیسر۔پروفیسر آل احمد سرور شخصیت اورادبی خدمات' کتاب نما کا خصوصی شمارہ۔ ۸ دہلی۔دسمبر ۱۹۹۲ء

۷ آل احمد سرور۔خواب باقی ہیں۔۶

۸ گیان چند جین پروفیسر مشمولہ' پروفیسر آل احمد سرور شخصیت اورفن۔کتاب نما۔۹

باب سوم

''خواب باقی ہیں کا تنقیدی مطالعہ''

''خواب باقی ہیں'' آل احمد سرور کی خودنوشت سوانح ہے۔آل احمد سرور اعلیٰ پائے کے نقاد، شاعر، صحافی اور ادیب ہونے کے علاوہ ایک اچھے سوانح نگار بھی تھے۔عموماً لوگ دوسروں کی سوانح لکھ کر کسی کی شخصیت کی خوبیاں اور خامیاں بیان کرتے ہیں۔اور ایک شخصیت کی زندگی کی ہو بہو تصویر پیش کرتے ہیں۔لیکن کئی ادیبوں نے خود اپنی سوانح لکھ کر بھی شہرت حاصل کی۔آل احمد سرور بھی ان ہی میں ایک ہیں۔اُن کی لکھی ہوئی خودنوشت سوانح ''خواب باقی ہیں'' کے عنوان سے چھپ کر مقبول ہوئی۔یہ کتاب پہلی مرتبہ ۱۹۹۱ء میں ایجوکیشنل بک ہاؤز دہلی سے شائع ہوئی۔کتاب کے سرورق پر سرور کی تصویر کا اسکیچ بنا ہوا ہے۔اور پہلے صفحے کے ٹائٹل پر عنوان کے نیچے قوسین میں یہ عبارت درج ہے۔

''ہزاروں خواب ہیں پامال لیکن خواب باقی ہیں''۔

اس عبارت سے سرور کی ناآسودگی جھلکتی ہے۔جب کہ انہوں نے زندگی کے کم وبیش ۹۰ سال اس رنگوں بھری دنیا میں گذارے تھے۔لیکن یہ عبارت اس دنیا میں خواہشات کے عدم تکمیل کی عام انسانی نفسیات کو بھی اجاگر کرتی ہے۔سرور نے جس خیال کو پیش کیا غالبؔ نے بھی اسے بخوبی یوں بیان کیا ہے۔

ہزاروں خواہشیں ایسی کہ ہر خواہش پہ دم نکلے
بہت نکلے مرے ارماں لیکن پھر بھی کم نکلے

آل احمد سرور نے اپنی خودنوشت سوانح کو اپنے نواسے عرفی اور اپنی نواسیوں رخشی، تابی اور

زرین کے نام کیا ہے۔اور سوانح کے آغاز سے قبل اقبال کے یہ اشعار نقل کئے۔

امنگیں مری آرزوئیں مری　　امیدیں مری جستجوئیں مری

مرا دل مری رزم گاہ حیات　　گمانوں کے لشکر یقیں کا ثبات

یہی کچھ ہے ساقی متاع فقیر　　اسی سے فقیری میں ہوں امیر

مرے قافلے میں لٹا دے اسے

لٹا دے ٹھکانے لگا دے اسے

سرور نے اعتراف کے عنوان سے اس سوانح کے بارے میں اپنے خیالات کے اظہار کیا ہے۔اور لکھا کہ اس سوانح میں وہ شائد ایک داستان گو کی طرح اپنی زندگی کے واقعات بیان کرتے نظر آئیں۔سرور لکھتے ہیں۔

اپنی پوری زندگی پر نظر ڈالنا یعنی اس میں ڈوب جانا مگر اس سے اُبھر آنا کوئی آسان کام نہیں۔ہوسکتا ہے کہ کچھ لوگوں کو اس میں داستان گو زیادہ نظر آئے۔اور چونکہ یہ میری داستان ہے اس لئے اگر اسٹیج پر روشنی میرے اوپر زیادہ ہے تو اس صنف کی مجبوری ہے۔بقول حسرت یہ ''شوق کی بلندی اور ہمتوں کی پستی'' والی بات ہو۔میں نہ تو اپنا قصیدہ پڑھنے کا قائل ہوں نہ بے جا انکسار کا۔جس طرح وقت گزرا' جو سوچا' جو کیا جو نہ کیا۔جس طرح بکھرا اور سمٹا' ٹوٹا اور جڑا' جو پایا اور کھویا' اس کی جھلک تو بہر حال ان صفحات میں مل جائے گی۔[1]

آل احمد سرور نے ''خواب باقی ہیں'' میں اپنی عمر کی چھ دہائیوں کا احاطہ اپنے دلچسپ اسلوب

نگارش اور واقعات کی تفصیلات کے ساتھ کیا ہے۔اوران واقعات پراپنی رائے' پسند ناپسند اور مختلف جذبات کا تاثر بھی پیش کیا ہے۔سرورؔ کی خودنوشت کا تعارف کراتے ہوئے شافع قدوائی یوں رقمطراز ہیں:

''سرور صاحب نے اپنی طویل اور متنوع علمی ادبی وثقافتی سرگرمیوں کی روداد غیر جذباتی انداز میں ''خواب باقی ہیں'' کے عنوان سے مرتب کی ہے۔سرور صاحب کی بھرپور اور متنوع زندگی نیز متنوع اور وقیع تجربات سے نئی نسل روایت کا عرفان حاصل کرسکتی ہے۔اس خودنوشت میں تقریباً ۶ دہائیوں پرمحیط مدت کوعلمی فضا معاشرتی صورت حال اورادبی مباحث پرروشنی ڈالی گئی ہے۔مزید برآں اس دور کے اہم ادبی' علمی ثقافتی اور مذہبی رجحانات' سیاسی تحریکات ذہنی میلانات اوراس سے منسلک حضرات کے اعمال وافعال کا بھی معروضیت کے ساتھ محاکمہ کیا گیا ہے۔خودخودنمائی Self Exalation کی ایک زیریں لہر کے باوجود یہ خودنوشت اردو میں شائع ہونے والی اکثرآپ بیتیوں کی طرح مبالغہ آرائی' آرائش سخن' خوداشتہاری اورمخالفین پرسب وستم سے بڑی حد تک عاری ہے۔ اس لحاظ سے یہ آپ بیتی ایک منفرد مقام رکھتی ہے۔ ۲؎

خلیق انجم نے''خواب باقی ہیں'' کوایک عالم اور معلم کی سوانح قرار دیا ہے۔اس کتاب کا تعارف دلچسپ انداز میں کراتے ہوئے لکھتے ہیں:

''خواب باقی ہیں'' ایک ایسے ادیب' نقاد' عالم اور استاد کی سوانح ہے جس کے دن کبھی حسینوں کے کوچوں اور راتیں بالا خانے اور مئے خانے میں نہیں گذریں۔ یہ تو اردو کے ایک ایسے ممتاز شخصیت کی سوانح ہے جس پر حُسن پرستی اور عشق بازی کا الزام زندگی میں صرف ایک بار عائد ہوا تھا اور وہ بھی شادی کی صورت میں۔اور جس کی ساری زندگی علم حاصل کرنے اور دوستوں کی علم کی پیاس بجھانے میں گذری ہے۔ اور جس نے ادیبوں اور نقادوں کی دو تین نسلوں کی ذہنی تربیت کی ہے۔ ۳؎

بچپن کے حالات:۔ پروفیسر آل احمد سرور نے اپنی آپ بیتی کا آغاز اپنے بچپن کے حالات کے بیان سے کیا ہے۔اپنے آبائی مقام بدایوں کا ذکر، اپنی تاریخ پیدائش اور بچپن کے حالات کو سرور نے جس انداز میں بیان کیا ہے۔اُس سے اُن کے گھریلو حالات کا پتہ چلتا ہے۔ایک داستان گو کی طرح سرور اپنے آبائی مقام بدایوں کا ذکر کرتے ہوئے لکھتے ہیں:

میرا وطن بدایوں ہے۔ یہ مغربی اتر پردیش کا ایک تاریخی شہر ہے۔اس کا پرانا نام بودھا مئو تھا۔مہاتما بدھ کے زمانے سے اس کا ذکر ملتا ہے۔سید محفوظ علی بدایونی جو اردو کے ایک ممتاز ادیب اور مزاح نگار تھے اور مولانا محمد علی اور ظفر علی خاں کے رفیق اور ساتھی ہمدرد میں ملا بودھا موئی کے نام سے مزاحیہ کالم لکھا کرتے تھے۔ ہمارے محلے کے قریب وہاں ایک جامع مسجد ہے جو التمش نے بنوائی تھی۔اور وہ مسجد شمسی کے نام سے مشہور ہے۔اکبر کے زمانے میں اس کی تعمیر ہوئی۔اس مسجد کے ساتھ میری بہت سی یادیں وابستہ ہیں۔شاید یہ دہلی کی جامع مسجد کے برابر ہے۔اور بچپن میں میرا خاصہ وقت یہاں گذرا ہے۔[4]

سرور نے مسجد کے ساتھ وابستہ اپنی یادوں کے بیان سے اپنی سوانح کا آغاز کرتے ہوئے یہ ظاہر کیا کہ وہ مذہبی گھرانے سے تعلق رکھتے تھے اور یہ کہ ان کی تربیت ایسی ہوئی کہ وہ مسجد سے اپنا رشتہ قائم رکھیں۔سرور نے بدایوں کے حالات بیان کرتے ہوئے اپنی سوانح میں اس شہر کی تاریخ محفوظ کردی۔ بدایوں کے بیان کا سلسلہ جاری رکھتے ہوئے سرور نے وہاں موجود بزرگوں کے مزارات کا ذکر کیا۔اور لکھا کے مزارات کی کثرت کے سبب گھر گھر فاتحہ کی محفلیں ہوتیں جس میں وہ بھی شریک رہا کرتے۔اپنے آباء واجداد کا تذکرہ کرتے ہوئے سرور لکھتے ہیں:

ہم لوگ شیخ صدیقی ہیں۔مولوی رضی الدین کی تاریخ اکمل التواریخ سے، جس میں ہمارے بزرگوں کا

ذکر ہے۔ یہ معلوم ہوتا ہے کہ یہ لوگ مصر کے ایک قصبے فرشور سے آئے تھے۔اور ہمارا سلسہ نسب حضرت محمد بن ابوبکرؓ سے ملتا ہے۔میرے لکڑ دادا (دادا کے دادا) مولوی ذکراللہ شاہ اپنے زمانے کے مانے ہوئے بزرگ تھے۔ان کے والد کا نام محمد اشرف تھا۔بچپن میں میں نے ایک سجع سنا تھا۔جس میں ذکراللہ شاہ صاحب اوران کے والد محمد اشرف اوران کے پیر سید آل احمد مارہروی تینوں کا نام بڑی خوبی سے نظم ہوگیا تھا۔

ذکراللہ وثنائے آل احمد اشرف است

میرا نام آل احمد ان ہی بزرگ کے نام پر رکھا گیا۔ ۵

سرور نے اپنے آباواجداد کے احوال بیان کرتے ہوئے اس سوانح میں اپنے خاندان کی تاریخ کومحفوظ کردیا۔اپنی پیدائش اور گھریلو حالات بیان کرنے کے ساتھ ساتھ سرور نے اپنے بچپن کے بعض دلچسپ واقعات بھی بیان کئے ہیں۔ سرور کے بچپن کے بعض واقعات پڑھنے سے ان کے جمالیاتی ذوق اور حسن پرستی کا اندازہ ہوتا ہے۔سرور اپنے پڑوس کی ایک لڑکی کا حال بیان کرتے ہوئے لکھتے ہیں:

''پڑوس میں ایک مسلمان گھرانہ بھی تھا۔جس میں ایک لڑکی مجھ سے دوتین سال بڑی تھی۔اس کا نام غالباً عائشہ رہا ہوگا۔مگر ہم لوگ اسے آشا کہتے ہیں۔یہ لڑکی اکثر دلہن بنتی اور مجھے دولہا بناتی۔اپنا دوپٹہ ہم دونوں پر ڈال لیتی۔یہ سب باتیں بہت عجیب اور پراسرار معلوم ہوتی تھیں۔اُن میں ایک بے نام سی لذّت بھی تھی'' ٦

آل احمد سرور بچپن ہی سے تیز تھے انہیں اپنے والد سے ذہانت ورثے میں ملی تھی۔اُن کا حافظہ بہت تیز تھا۔پڑھائی میں سب سے آگے رہتے تھے حافظہ کا یہ عالم تھا کہ درجے میں ایک مرتبہ جوسبق پڑھایا

جاتا وہ ذہن پر نقش ہو کر رہ جاتا۔ اپنے بچپن کے ایک واقعہ کا ذکر کرتے ہوئے سرور اپنی سوانح میں لکھتے ہیں ''ایک دفعہ سنیچر کے دن ماسٹر نے کہا کہ پیر کو آموختہ سنا جائے گا۔ اور پورا سبق دو دفعہ پڑھ لیا جائے۔ پیر کو امتحان ہوا میں نے ہر سوال کا تسلی بخش جواب دیا تھا۔ پوچھنے پر بتایا کہ ایک دفعہ سبق پڑھا تھا۔ ماسٹر نے اس پر مارا کہ جب دو دفعہ پڑھنے کو کہا تھا تو ایک دفعہ کیوں پڑھا۔ لطف یہ ہے کہ ایک دفعہ بھی نہیں پڑھا تھا۔''[7]

آل احمد سرور نے اپنے بچپن کی ان کھٹی میٹھی یادوں کے بیان کے ذریعے اپنی آپ بیتی کے سفر کو جاری رکھا۔

بچپن کے مشاغل:۔ آل احمد سرور نے اپنی سوانح میں بچپن کی یادوں کے ضمن میں اپنے مشاغل کا ذکر کرتے ہوئے لکھا کہ انہیں عام بچوں کی طرح ابتداء میں کھیل کود سے دلچسپی رہی۔ لیکن آہستہ آہستہ اُن کی دلچسپی کھیل سے زیادہ مطالعہ کی طرف ہوتی گئی۔ بچپن میں اُنہوں نے گلی ڈنڈا بھی کھیلا۔ انہیں بڑے بوڑھوں کی باتیں سننے میں مزہ آتا تھا۔ سرور نے ایسے ماحول میں پرورش پائی جہاں شعر و ادب کا چرچا تھا۔ گھر میں بیت بازی کا رواج تھا۔ جس میں گھر کے سبھی افراد حصہ لیتے تھے۔ بیت بازی کے اسی شوق نے اُن میں شاعری کا ذوق پروان چڑھایا۔

کتب بینی اور بیت بازی کے علاوہ سرور کو عرسوں میں شرکت کا شوق تھا۔ بدایوں میں کئی بزرگوں کے مزارات ہیں اور آئے دن وہاں اعراس منعقد ہوا کرتے تھے۔ جن میں محفل سماع اور قوالی کی محفلیں جمتی تھیں۔ سرور ان محفلوں میں شرکت کرتے تھے۔

سرور نے لکھا کہ ان کے مطالعہ کا ذوق پروان چڑھتا رہا۔ وہ اکثر اپنے والد کی انگریزی یا اُردو کی کتابیں چُھپا کر پڑھنے لگتے تھے۔ جس کی وجہ سے انہیں مار بھی کھانی پڑی۔ مگر اُن کی عادت نہ

چھوٹی۔ اسی شوق کی بناء پر کم سنی ہی میں اردو ادب کی کئی کتابیں پڑھ ڈالیں۔ اور نذیر احمد کی ''مراۃ العروس''، توبتہ النصوح اور الف لیلیٰ جیسی کتابیں پڑھیں۔ ایک دفعہ ''فسانہ آزاد'' کا مطالعہ کرتے ہوئے پکڑے گئے۔ اور مار کھائے۔ اسی طرح ادبی کتابوں کے مطالعہ کے دوران اپنی کیفیت بیان کرتے ہوئے سرور لکھتے ہیں:

''ایک دفعہ ایسا ہوا کہ گرمیوں کی چھٹیوں میں طلسم ہوشربا کی کئی جلدیں اور تاریخ ابن خلدون کے کئی حصے مل گئے۔ میرا برا حال تھا کبھی ایک کو صبح سے دوپہر تک پڑھتا۔ کبھی دوپہر سے شام تک دوسری کو کچھ سمجھتا تھا کچھ نہیں مگر پڑھ سب جاتا تھا''۔ 8

سرور نے آپ بیتی کے ابتدائی حصّے میں اپنے والد کے ساتھ مختلف مقامات جانے اور وہاں زیر تعلیم رہنے کا حال بیان کیا ہے۔ سرور نے جن واقعات کا ذکر کیا ہے۔ اُن سے اُن کی ابتدائی ذہانت اور فطانت اور اُن کی دانشوری کی بنیادوں کا پتہ چلتا ہے۔ ادبی محفلوں اور عرس کی مجلسوں میں شرکت کے شوق سے اُن کا ادبی ذوق نکھرنے لگا تھا۔ اپنے والد کے دفتر میں کام کرنے والے ایک ملازم کے کلام کی اصلاح کا واقعہ بیان کرتے ہوئے سرور لکھتے ہیں۔

''ہمارے ڈاک خانے میں ایک ہندو کلرک تھے۔ جن کا نام تو اب یاد نہیں آتا۔ لیکن اُن کا تخلص یاد ہے۔ وہ عاؔمی تخلص کرتے تھے۔ انہوں نے معلوم نہیں کیوں مجھے اپنا کلام سنایا مجھے کچھ مصرعے ناموزوں معلوم ہوئے۔ اور میں نے اُن پر یہ بات واضح کردی وہ اس قدر متاثر ہوئے کہ انہوں نے کہا میری بیاض پر آپ نظر ثانی کیجئے۔ چنانچہ کئی نظموں اور غزلوں میں میں نے ناموزوں مصرعوں کو موزوں کیا اور بعض الفاظ بدلے۔ مادری زبان کے ساتھ موزونیت کا احساس بھی آتا ہے۔ 9

سرور نے اپنے بچپن کے واقعات کے بیان میں نہ تو بے جا تعلّی کا مظاہرہ کیا ہے۔ اور نہ بے جا انکسار کا اپنے والد' دادا' اور دیگر افراد خاندان کے ذکر میں بھی مبالغہ آرائی یا شان و افتخار کا اظہار نہیں کیا۔ اور یہ

لکھا کہ وہ بدایوں کے ایک شریف متوسط گھرانے کے فرد تھے۔اور یہ کہ وہ اپنے والد صاحب کے ساتھ
یوپی کے مختلف شہروں مثلاً آگرہ‘ غازی پور‘ میرٹھ‘ پیلی بھیت‘ الہ آباد‘ بجنور‘ سیتاپورہ‘ گونڈہ‘ اور علی گڑھ وغیرہ میں رہے۔

زمانہ طالب علمی کی یادیں:۔ آل احمد سرور نے اپنی خودنوشت سوانح ''خواب باقی ہیں'' میں آگے اپنے زمانہ طالب علمی کے احوال مفصل بیان کئے ہیں۔انہوں نے لکھا کہ ۱۹۲۴ء میں ساتویں جماعت میں ان کا داخلہ غازی پور کے وکٹوریہ ہائی اسکول میں ہوا۔اسی اسکول سے انہوں نے ۱۹۲۸ء میں ہائی اسکول کا امتحان کامیاب کیا۔اس زمانے میں سرور اچھی تقریر کرنے لگے تھے۔تقریر کے دوران اپنی حالت بیان کرتے ہوئے سرور لکھتے ہیں:

آٹھویں درجے سے میں کلاس میں مباحثوں میں تقریریں کرنے لگا تھا۔دراصل میں شرمیلا تھا مجمع کو دیکھ کر گھبراتا تھا اور تقریر کرنے کھڑا ہوتا تھا تو ٹانگیں کانپتی تھیں اور آواز بہت مدھم نکلتی تھی۔ مجھے اس کمزوری کا احساس تھا اور اس لئے اسے دور کرنے کی برابر کوشش کرتا تھا اور رفتہ رفتہ بے جھجک تقریر کرنے پر قادر ہو گیا تھا۔[۱۰]

سرور فطری شاعر تھے۔چنانچہ وہ اسکول کے زمانے سے شعر کہنے لگے تھے۔اپنے ماموں کے گھر آم کھانے کے تجربے کو سرور نے ان اشعار میں پیش کیا۔

مدت کے بعد ماموں نے کھلوائے آج آم کھانے کو زیادہ تھے و لے کم کھا کے رہ گئے
کھانا ضرور تھا ہمیں کچھ ان کے سامنے دندان شکن تھے آم تو غم کھا کے رہ گئے

''اس زمانے کی تہذیب یہ تھی کہ ان اشعار پر ڈانٹ نہ پڑی بلکہ الٹی تعریف ہوئی۔ ہاں اُس کے بعد پھر آموں کی دعوت نہ ہوئی۔ اس زمانے میں ہم لوگ شام کو یا تو چھوٹے چچا کے یہاں جمع ہوتے یا ایک رشتہ دار ماسٹر منور کے یہاں۔ وہاں شعر و شاعری ہوتی کتابوں کی باتیں ہوتیں۔ اور ہندوستان کی سیاست پر اظہار خیال۔ میں اب باقاعدہ غزل کہنے لگا تھا۔ اس زمانے میں ارشدؔ تخلص کرتا تھا۔ بعد میں سرورؔ تخلص اختیار کیا۔'' [11]

سرور کے ان اشعار سے پتہ چلتا ہے کہ وہ شروع سے ہی ایک کہنہ مشق شاعر تھے۔ سرور ریاضی میں کمزور تھے اور کسی طرح انہوں نے دسویں جماعت کا امتحان کامیاب کر لیا تھا۔ امتحان کے پرچہ سوالات کی ہیئت میں تبدیلی کے لئے سرور اور ان کے ساتھیوں نے اجتماعی کوشش کی تھی۔ اس کوشش کے ذکر سے پتہ چلتا ہے کہ سرور میں قائدانہ صلاحیتیں بھی تھیں۔

کالج میں ہونے والے مباحثوں میں سرور کی شرکت کا حال بیان کرنے کے بعد سرور نے سوانح میں اپنے بڑے بھائی کی شادی اور بڑی بہن کے بیوہ ہوجانے اور پھر آگے اُن کے انتقال کر جانے کا ذکر کیا ایک قصہ گو سرور کی طرح مصنف نے سال بہ سال ہونے والے واقعات کو تسلسل سے بیان کیا ہے۔ اپنے مسوری کے سفر اور وہاں کے قدرتی مناظر سے لطف اندوزی کو سرور نے بیان کیا ہے۔ سرور نے ۱۹۳۲ء میں علی گڑھ یونیورسٹی میں ایم۔ اے میں داخلہ لیا تھا۔ یونیورسٹی کی سرگرمیوں مشاعروں اور مباحثوں کے احوال کو سرور نے تفصیل سے بیان کیا ہے۔ اُنہوں نے اس دور کے اساتذہ میں خواجہ منظور حسین کا خصوصیت سے ذکر کیا ہے۔ وہ اسی زمانے میں طلباء یونین کے نائب

صدر اور علی گڑھ میگزین کیمد یر منتخب ہوئے تھے۔ پہلے سال کے اختتام کے بعد سرور چھٹیوں میں پہلگام گئے تھے۔ وہاں کی تفریحات کے احوال' منظر نگاری وغیرہ کو سرور نے تفصیل سے پیش کیا ہے۔ ان تفصیلات سے اُن کی قوت حافظہ کا اندازہ لگایا جاسکتا ہے۔ پہلگام کی ندیوں کی منظر نگاری کرتے ہوئے سرور لکھتے ہیں۔

''پہلگام میں سب سے خوبصورت منظر پلیٹو سے نظر آتا ہے بائیں طرف سے شیش ناگ آتا ہے دائیں طرف س اڑ و نالہ' دونوں نالے چھوٹی چھوٹی ندیوں میں بٹ جاتے ہیں اور دونوں کے بڑے دھارے کچھ آگے جا کر مل جاتے ہیں پلیٹو سے دیکھئے تو ایسا لگتا ہے کہ سیال چاندی کے لمبے چوڑے تکڑے ایک دوسرے سے گلے مل رہے ہیں۔[۱۲]

یونیورسٹی میں سرور کی سرگرمیاں:۔ آل احمد سرور نے اپنی سوانح میں علی گڑھ مسلم یونیورسٹی میں ان کے زمانہ طالب علمی اور ملازمت کے دور کے احوال تفصیل سے بیان کئے ہیں۔ سرور نے جس وقت علی گڑھ یونیورسٹی میں داخلہ لیا تھا اُس وقت سر راس مسعود یونیورسٹی کے وائس چانسلر تھے۔ اور یونیورسٹی میں اُن کے زیر نگرانی زائد از نصاب سرگرمیاں بھی عروج پر تھیں۔ خواجہ منظور حسین شعبہ انگریزی میں ریڈر تھے۔ اور سرور کے استاد بھی تھے انہوں نے سرور کے ادبی ذوق کے پیش نظر انہیں علی گڑھ میگزین (اُردو) کا ایڈیٹر مقرر کیا۔ سرور کو یونیورسٹی میں قدم رکھے تھوڑا ہی عرصہ ہوا تھا۔ نومبر ۱۹۳۲ء میں انہوں نے علی گڑھ میگزین کی ادارت سنبھالی ان سے قبل میگزین پابندی سے نہیں نکلتا تھا۔ سرور نے اس بے قاعدگی کو دور کیا۔ مضامین کی فراہمی کے سلسلہ میں رشید احمد صدیقی' خواجہ غلام السیدین جیسے اساتذہ اور دیگر احباب سے ملاقاتیں کیں اور اس میگزین کے چار شمارے کامیابی سے نکالے۔ اسی زمانے میں یونیورسٹی میں سالانہ آل انڈیا ڈبیٹ مقابلہ ہوا۔ موضوع تھا ''سرمایہ داری

اسلام کی تعلیم کے منافی ہے'' انصار ہروانی نے موضوع کی حمایت میں اور سرورؔ نے مخالفت میں تقریر کی جج کے فرائض پروفیسر رشید احمد صدیقی' ڈاکٹر اشرف اور بشیر ہاشمی نے انجام دیے۔ سرور نے اپنی مسبوط اور مدلل تقریر سے حاضرین کو متاثر کیا۔ رشید احمد صدیقی نے سرور کی تقریر کی تعریف کی اور اُن کی حوصلہ افزائی کی۔

سرور کو انگریزی لٹریری کلب کا سکریٹری بنایا گیا۔ ایک جلسے میں انہوں نے سموئیل جانسن پر سیر حاصل مقالہ پیش کیا۔ ۱۹۳۳ء میں سالانہ انعامی مباحث میں سرور کو تین انعام اول اور دو انعام دوم حاصل ہوئے۔ یونیورسٹی میں ہونے والے مباحثوں کا حال بیان کرتے ہوئے سرور لکھتے ہیں:

''ہر سال ایک انگریزی میں اور ایک اردو میں آل انڈیا ڈبیٹ ہوا کرتا تھا۔ اس میں ایک اچھی روایت یہ تھی کہ علی گڈھ کے نمائندے مباحثے کا آغاز کرتے تھے مگر انعام باہر والوں کیلئے مختص تھے۔ خواہ یہاں کے مقررین کی تقریریں سب سے اچھی ہی کیوں نہ ہوں۔ ۱۹۳۳ء کے آخر میں جب انعامی مقابلے ہوئے تو سب سے زیادہ مجھے اور میرے بعد خواجہ احمد عباس کو انعام ملے''[۱۳]

آل احمد سرور نے یونیورسٹی میں منعقد ہونے والے انتخابات کا حال بیان کرتے ہوئے لکھا کہ موسم گرما کی تعطیلات کے بعد یونیورسٹی میں طلباء یونین کے انتخابات ہوئے۔ اس زمانے میں یونیورسٹی انتخابات کی یہ روایت تھی کہ جب کوئی طالب علم الیکشن میں حصہ لیتا تو اُس کا تعلیمی ریکارڈ دیکھا جاتا تھا۔ اس کی تقریری اور تحریری صلاحیتوں اور اُس کے ڈسپلن پر نظر رکھی جاتی تھی۔ سرور کا تعلیمی ریکارڈ شروع سے ہی اچھا تھا۔ اور وہ طلباء اور اساتذہ دونوں کے ہر دلعزیز تھے۔ چنانچہ انتخابات میں حصہ لینے کیلئے نائب صدر کے عہدہ کیلئے لوگوں کی نظر سرور پر پڑی چنانچہ سرور نے یونیورسٹی انتخابات میں حصہ لیا۔ اسطرح وہ ۱۹۳۳ء میں اسٹوڈنٹس یونین علی گڈھ یونیورسٹی کے نائب صدر منتخب ہوئے۔ انتخابات میں ہارنے والوں کے لئے کی جانے والی ایک رسم کا ذکر کرتے ہوئے سرور لکھتے

ہیں کہ:

یونین کے الیکشن کے بعد ہارنے والے کا جنازہ نکالنے کی ایک رسم ہوتی ہے۔ معین چودھری میرے ہاسٹل میں رہتے تھے۔ جنازے کے موقع پر امیدوار سے بحث نہیں ہوتی صرف ورکروں خصوصاً چیف ورکر کے کمرے کے سامنے ہائے ہائے ہوتی ہے۔ اور باقاعدہ مرثیے پڑھے جاتے ہیں۔ کبھی کبھی جھگڑا بھی ہو جاتا تھا۔ شکر ہے کہ اس موقع پر کوئی جھگڑا نہیں ہوا۔[۱۴]

ایم۔ اے فرسٹ کلاس کامیاب ہونے کا ذکر کرنے کے بعد سرور نے لکھا کہ ذاکر صاحب کے مشورے سے اُنہوں نے اُردو میں ایم۔ اے کیا اور ۱۹۳۶ء میں شعبۂ اُردو میں اُن کا تقرر ہوا۔ ۱۹۳۰ء تا ۱۹۳۶ء کے زمانے کے حالات سلسلہ وار بیان کرنے کے بعد سرور نے مختلف حضرات سے اپنے تعلقات کا اجمالاً ذکر کیا ہے۔ لیکن اُس زمانے کے وائس چانسلر سر ضیاء الدین کا ذکر تفصیل سے کیا ہے ۔ضیاء صاحب کی وضاحت بھی کی۔ سرور صاحب نے اُس زمانے کی ادبی صورتحال اور یونیورسٹی کی علمی وادبی فضاء پر بھی سرسری روشنی ڈالی ہے۔ اس وقت ترقی پسند تحریک کا زور وشور سے آغاز ہوا تھا۔ لیکن سرور نے جن اساتذہ کا ذکر کیا اُن میں پروفیسر عمر الدین، پروفیسر ہادی حسن، مولانا عبدالعزیز میمن، پروفیسر ایل کے حیدر، پروفیسر اے بی حلیم، پروفیسر محمد حبیب، خواجہ غلام السیدین، رشید احمد صدیقی، مولوی ضیاء احمد بدایونی، خواجہ منظور حسین وغیرہ سے اکتساب کا ذکر کیا ہے۔ سرور نے اپنی شادی کے احوال مفصل نہیں لکھے۔ لیکن چند ایک سطروں میں جس انداز سے اپنی شادی کے ابتدائی ایام کا تذکرہ کیا اس سے اُن کے شاعرانہ مزاج اور افسانوی اسلوب کے حامل ہونے کا پتہ چلتا ہے۔ ترقی پسند تحریک پر اپنے خیالات پیش کرتے ہوئے سرور لکھتے ہیں:

''اس کانفرنس میں ایک شعبہ ترقی پسند ادب کا بھی تھا۔ جس کی صدارت سجاد ظہیر نے کی تھی۔ انہوں نے اپنے خطبہ صدارت میں ادب میں عریانی کی لہر کی خاص مذمت کی تھی۔ اور اس سلسلے میں منٹو کے

افسانے ''بو'' کو خاص طور سے ہدف تنقید بنایا تھا۔ جب عریانی کے خلاف ایک تحریک اجلاس میں پیش ہوئی تو اُس کی سب سے پر زور مخالفت مولانا حسرت موہانی نے کی۔ قاضی عبد الغفار بھی حسرت موہانی کے ہم نوا تھے۔ انہوں نے کہا کہ ادب میں عریانی جائز ہے اعتراض فحاشی پر کرنا چاہئے۔ عریانی پر نہیں بہر حال مولانا کی مخالفت کی وجہ سے یہ تجویز منظور نہ ہو سکی۔ سجاد ظہیر نے بعد میں کچھ لوگوں سے کہا کہ مولانا حسرت ہمیشہ گڑ بڑ کرتے رہتے ہیں۔ کانفرنس میں ملک بھر ادیب آئے تھے۔ آخری رات ایک مشاعرہ بھی ہوا جس میں سکندر علی وجدؔ کی نظم ''اجنتا'' بہت پسند کی گئی۔ مخدوم محی الدین کا کلام بھی بہت سراہا گیا۔[14]

ملازمت کا آغاز:۔ آل احمد سرور نے اپنی سوانح میں آگے یونیورسٹی میں اپنے تقرر اور ملازمت کے احوال بیان کیے۔ اس ضمن میں وہ لکھتے ہیں:

۱۹۳۸ء میں مولانا احسن مارہروی ریٹائر ہوئے وہ سینیر لکچرر تھے۔ یہ جگہ خالی ہوئی تو اس پر گست ۱۹۳۸ء میں میرا تقرر ہوا۔ ایک جونیر لکچرر کی جگہ اور ملی تھی اس پر عزیز صاحب کا اور میری جگہ پر عزیز الدین علوی کا تقرر ہوا۔ یاد پڑتا ہے کہ انٹرویو میں حامد حسن بلگرامی، وقار عظیم اختر اور رینوی وغیرہ بھی تھے ماہرین میں نواب صدر یار جنگ اور ذاکر صاحب تھے[15]

سرور ۱۹۳۶ء تا ۱۹۴۵ء ریڈیو پر تقریر کیلئے اکثر دہلی جاتے رہے۔ ان تقاریر کا احوال بیان کرتے ہوئے لکھتے ہیں:

''یاد آتا ہے کہ اُس زمانے میں ریڈیو پر تقریر کے تیس روپے ملتے تھے۔ اور میں اُن روپیوں میں دہلی سے بہت سے پھل، بیوی کیلئے ساڑی، اور متفرق چیزیں لے آیا کرتا تھا۔ ایک دفعہ ایسا ہوا کہ مجھے ریڈیو اسٹیشن پہنچنے میں دیر ہوگئی۔ دروازے پر پہنچا تو رشید احمد اسٹیشن ڈائرکٹر نے میرا ہاتھ پکڑا اور ہم لوگ

تقریباً دوڑتے ہوئے اسٹوڈیو میں داخل ہوئے تو میرا نام اور تقریر کا عنوان نشر ہو رہا تھا۔ میں بری طرح ہانپ رہا تھا رشید احمد نے اشارے سے دم لینے کو کہا۔ چند سکنڈ کی خاموشی کے بعد میں نے بہت آہستہ تقریر شروع کی۔ دو ایک منٹ کے بعد عام رفتار سے بولنے لگا۔ شکر ہے کہ کسی کو اس کا احساس نہیں ہوا۔[16]

سرورؔ نے اپنی آپ بیتی میں علی گڈھ، رام پور، لکھنو وغیرہ شہروں کے ناموں کی سرخیوں کے ساتھ وہاں اپنے دوران قیام کی تفصیلات پیش کیں۔ چنانچہ رام پور کے بعد لکھنو میں اُن کے ۱۹۴۶ء تا ۱۹۵۵ء تقریباً نو سال قیام کے حالات ملتے ہیں۔ اس دوران انہوں نے لکھنو کی علمی ادبی اور ثقافتی فضاء، معاشرتی صورتحال، یونیورسٹی کے علاوہ بعض اہم مراکز مثلاً کافی ہاؤس، دانش محل، ادارہ فروغ اردو اور لکھنو سے انسیت کا اندازہ ہوتا ہے۔ لکھنو میں قیام کے دوران سرورؔ کے جن شخصیات سے روابط رہے اُن میں مسعود حسین رضوی، احتشام حسین، اثر لکھنوی، نور الحسن ہاشمی، حیدر مرزا، ڈاکٹر عبدالعلیم، پروفیسر سدھانت، مولانا عبدالماجد دریا بادی، پروفیسر کابی پرساد ڈی۔ پی بنرجی، چیلا پتی راؤ، شوکت صدیقی، قاضی عبدالغفار، چودھری محمد علی، نیاز فتح پوری، آنند نارائن ملا، اچاریہ نریندر دیو، سلام مچھلی شہری، مجاز، جوش، بیگم اختر وغیرہ ہیں۔ سرور نے ان حضرات اور بعض واقعات سے اس عہد کے لکھنو کا حال بیان کر دیا۔ ہندوستان کی آزادی اور تقسیم ہند کے ہنگاموں سے ہر ہندوستانی متاثر ہوا تھا۔ لکھنو میں اس کے اثرات بیان کرتے ہوئے سرور لکھتے ہیں:

''اخبارات سے دہلی اور پنجاب میں بڑے پیمانے پر قتل و غارت گری کی خبریں آ رہی تھیں۔ لکھنو والے اپنی وضع پر قائم رہے۔ ایک پرانے وثیقہ دار جو نواب صاحب کہلاتے تھا اور شائد دس بیس روپیہ وثیقہ پاتے تھے۔ دودھ لینے گئے حلوائی نے اُن سے پوچھا نواب صاحب تم پاکستان نہیں گئے۔ مفلوک الحال نواب صاحب بہت خفا ہوئے کہنے لگے یہ تم اپنا ہندوستان پاکستان الگ رکھو۔ یہ لکھنو

ہے لکھنو۔ یہاں یہ سب نہیں چلے گا۔ جو شرنارتھی پنجاب سے آئے تھے ان میں سے کسی کو بھیک مانگتے نہیں دیکھا اُن کے بچے شیشے کی نلکیوں میں لیمن ڈراپ ایک ایک دو دو آنے میں بیچتے تھے۔ بڑوں نے امین آباد کے فٹ پاتھ پر کپڑوں کی دکانیں لگا لی تھیں۔ اُن کی محنت اور جانفشانی کے وجہہ سے رفتہ رفتہ اُن کا کاروبار چل نکلا۔ اور چند سال میں یہ لکھنو کے ہو گئے۔ اس زمانے میں سینکڑوں کی تعداد میں مرمت کی دکانیں کھل گئیں۔ پیسہ کسی ہندو کا ہوتا مینیجر عام طور پر کوئی سکھ ہوتا۔ کاریگر زیادہ تر مسلمان لکھنو کی خاموش نرم رو پر تکلف فضاء میں کچھ تبدیلی آئی۔ شور بڑھ گیا اور ہجوم بھی۔"[17]

سرور نے جذباتی انداز میں تقسیم ہند کے حالات کا ذکر کیا۔ اور لکھنو کی زندگی میں آنے والی تبدیلی کو بیان کیا۔ ایک ذمہ دار شہری کی مثال پیش کرتے ہوئے سرور نے پناہ گزینوں کی امداد کے لئے منعقد کئے جانے والے مشاعرے کے احوال بیان کئے۔ جس میں قرۃ العین حیدر نے سرگرم رول ادا کیا تھا۔

سرور نے زمانہ لکھنو کی یادوں میں جوش سے ملاقات کی، رضیہ سجاد ظہیر کی ملازمت کے لئے کی جانے والی اُن کی کوششوں اور ادبی محفلوں کا ذکر کیا۔ آزادی کے بعد مولانا آزاد اور گورنر یوپی مسز سروجنی نائیڈو سے اُن کی ملاقاتوں کا ذکر کیا۔ اور مولانا آزاد کی اُردو کی ترقی کے لئے کی جانے والی خدمات کا احاطہ کیا۔ لکھنو میں اکثریت اہل تشعیہ کی ہوتی ہے اور لکھنو کی مجالس کی مذہبی اہمیت کے علاوہ ادبی اہمیت بھی ہے لکھنو کی مجالس کا ذکر کرتے ہوئے سرور لکھتے ہیں۔

"لکھنو میں مجلسوں کا خاصا رواج تھا۔ کچھ مجلسوں میں میں بھی شریک ہوا ہوں۔ ان میں ایک طرف تو خطابت کا نیا خاص رنگ دیکھنے میں آیا۔ دوسرے تحت اللفظ مرثیے کی روایت سے آشنا ہوا۔ میں نے آل رضا لکھنوی کی مجلس میں راجہ محمود آباد کو سُنا ہے۔ اور اُن سے بہتر تحت اللفظ پڑھنے والا کسی کو نہیں پایا۔ مہاراجہ صاحب موسیقی کے ماہر تھے۔ اور اُن کی آواز بہت اچھی تھی۔ مجلسوں میں خاص مقامات پر داد دینے کا رواج بھی تھا۔ شائد انیس نے اسی لئے کہا تھا ؎

دبدبہ بھی ہو، مصائب بھی ہوں، توصیف بھی ہو   دل کو بھی محضوظ ہوں، رقت بھی ہو، تعریف بھی ہو

میرے نزدیک شعر کا پورا جادو تحت اللفظ میں آتا ہے ترنم میں الفاظ کے اُتار چڑھاؤ اور اُن کی اپنی کیفیت کا جادو کم ہو جاتا ہے''۔[۱۸]

لکھنو میں ابتدا میں سرور اور مسعود حسین رضوی کچھ الگ تھلگ رہے بعد میں اُن دونوں کے مراسم بہتر ہوئے۔ رضوی صاحب کے پاس قلمی مخطوطات کا بڑا ذخیرہ تھا۔ ان کتابوں کا تعلق واجد علی شاہ اور لکھنو کے مرثیوں سے تھا۔ مسعود حسین رضوی شعبۂ اُردو کو شعبۂ فارسی سے الگ کرنا نہیں چاہتے تھے۔ جبکہ سرور اس بات پر زور دیتے رہے کہ اُردو کا شعبۂ الگ ہو تو بہتر ترقی کر سکتا ہے۔ چنانچہ ایک عرصہ بعد سرور کیکوشش سے اکیڈیمک کونسل نے شعبۂ اُردو کو الگ کرنے کی منظوری دی۔ مسعود صاحب کی سبکدوشی کے بعد سرور شعبۂ اُردو اور فارسی کے صدر ہو گئے۔ تاہم یوسف حسین موسوی چالاکی کا مظاہرہ کرتے ہوئے صدر شعبۂ ہو گئے۔ یہ بات سرور کو پسند نہ آئی اور انہوں نے استعفیٰ دے دیا۔ اکزیکیٹیو کونسل اور وائس چانسلر کی ایماء پر استعفیٰ روک دیا گیا۔ لیکن سرور بددل ہو گئے تھے۔ ان تمام واقعات کو سرور نیایک مورخ کی طرح اپنی آپ بیتی میں بیان کیا ہے۔ ان واقعات کا محور اور مرکز سرور ہی رہے لیکن ان واقعات سے اُن کے دور کی علمی و ادبی تہذیبی و سماجی تاریخ محفوظ ہو گئی۔ یہ اس سوانح کی خاص بات ہے۔ سرور نے لکھا کہ ذاکر صاحب کے کہنے پر وہ دوبارہ علی گڑھ آ گئے جہاں منشی نول کشور کی خدمات پر ایک صاحب کے دئے گئے عطیے سے سید حسین ریسرچ چئیر کا قیام عمل میں لایا گیا تھا۔ اس ریسرچ میں غالب کے کلام کا انگریزی میں ترجمہ کرنا بھی شامل تھا۔ ان دو کاموں کے لئے سرور کی خدمات حاصل کی گئیں۔ سرور نے علی گڑھ جانے کا ارادہ کر لیا۔ لکھنو میں قیام کے دوران اپنے مشاہدات کے بل بوتے پر اپنے تاثرات پیش کئے۔ جن سے لکھنوی تہذیب سے پردہ اُٹھتا ہے۔ سرور کہتے ہیں۔

''عام طور پر لکھنو میں ہم لوگ خوش رہے بہت سے اچھے لوگوں سے ملنا رہا۔ تعصب اور تنگ نظری کم نظر آئی۔ لوگوں میں ایک تہذیب اور نفاست دیکھی اور زبان میں ایک خاص لوچ۔ ایک دفعہ بدایوں سے لکھنو آ رہا تھا میرا لڑکا بکس پر بیٹھا ہوا تھا۔ سیتا پور میں کوئی صاحب داخل ہوئے۔ انہوں نے لڑکے کو دیکھا تو کہنے لگے بھیا تم تخت طاؤس پر بیٹھے ہوئے ہو.......... لکھنو بھی اب بہت بدلا ہے مگر اب بھی پرانی وضع ختم نہیں ہوئی ہے پرانا آدمی جاتا ہے تو ضلع جگت سے باز نہیں آتا۔ ۱۹

لکھنو کی یادیں سمیٹے سرور ایک مرتبہ پھر علی گڑھ کا رُخ کرتے ہیں سرور نے علی گڑھ کے باب میں اپنی مصروفیات بیان کیں کہ کس طرح وہ سید حسین چیئر کے تحت دیوان غالب کا انگریزی ترجمہ اور منشی نول کشور کی ادبی خدمات پر مبنی کام سے جڑ گئے۔ انہوں نے مقررہ مدت میں یہ دونوں کام کر دئے لیکن کسی وجہہ سے سرور کا کیا ہوا دیوان غالب کا انگریزی ترجمہ شائع نہیں ہو سکا۔ علی گڑھ میں قیام کے دوران سرور نے انجمن ترقی اُردو کے جنرل سکریٹری کے عہدے پر منتخب ہوتے ہوئے جو خدمات انجام دیں اُن کا احوال سرسری بیان کیا درمیان میں اپنے والدین اور بھائی بہنوں کے احوال پیش کئے ۱۹۶۰ء میں اپنے سفر ماسکو کی روداد پیش کی اور کھانے کے بارے میں اپنے توہم پرستانہ خیالات بھی پیش کر دئے۔ ہوٹل میں مچھلی نہ کھانے کا حال بیان کرتے ہوئے سرور لکھتے ہیں۔

''ماسکو یونیورسٹی کے ایک ٹالسٹائے پر ریسرچ کرنے والے استاد ہمارے رہنما تھے کوئی تین گھنٹے بعد اسمالنسک کے شہر میں پہونچے جہاں ایک ریستوران میں ناشتہ کیا۔ ناشتہ ختم کر چکے تھے کہ مچھلی کی ایک پلیٹ آئی۔ میں نے تو معذرت کر لی۔ میں جس مہینے میں آر (R) ہو اس میں مچھلی نہیں کھاتا۔ بچپن میں کہیں پڑھا تھا کہ اس مہینے میں مچھلی نہیں کھانی چاہیے۔ مگر ہمارے بنگالی بابو مچھلی دیکھ کر پھسل گئے۔ اور اُس پر بھی ہاتھ صاف کیا۔ ۲۰

سرور نے اس باب میں اپنے سفر ماسکو اور وہاں کے مختلف شہروں میں منعقد ہونے والے

اجلاسوں کے احوال تفصیلی طور پر پیش کیئے۔ یہ تفصیلات پڑھتے ہوئے کبھی کبھی قاری کو یہ گمان ہونے لگتا ہے کہ کہیں وہ سرور کا لکھا ہوا کوئی سفر نامہ تو نہیں پڑھ رہا ہے۔ سرور نے ماسکو سے واپسی کے بعد ایک مرتبہ پھر علی گڑھ یونیورسٹی کے احوال بیان کیئے۔

یونیورسٹی میں ہونے والے ہندو مسلم جھگڑے کے تفصیلات پیش کیں۔ اور ۱۹۶۲ء میں P.E.N کانفرنس کے ضمن میں میسور جانے کا ذکر کیا۔ سرور نے علی گڑھ یونیورسٹی کے حالات اس قدر تفصیل سے پیش کیئے کہ اُن کے دوران ملازمت کی علی گڑھ یونیورسٹی کی تاریخ اُن کی سوانحی کتاب ''خواب باقی ہیں'' کے علاوہ شائد ہی کسی اور کے ہاں ملے۔ رشید احمد صدیقی کو علی گڑھ کا سچا پرستار مانا جاتا ہے۔ رشید صاحبنے جذباتی انداز میں علی گڑھ سے اپنی وابستگی کا اظہار کیا۔ جبکہ سرور نے یونیورسٹی میں ہونے والے آئے دن کے واقعات کی تفصیل ایک مصور اور ایک مورخ کی طرح پیش کی۔ علیم صاحب کے دور کو تفصیلی طور پر پیش کیا۔ ۱۹۶۸ء میں سرور وزیٹنگ پروفیسر کی حیثیت سے امریکہ گئے تھے۔ وہاں سرور نے جس انداز میں اپنا وقت گذارا۔ اور مختلف طلباء سے جس انداز میں پیش آئے اُن کی تفصیلات پیش کیں۔ سرور نے اس آپ بیتی میں جگہ جگہ ہندوستان کے سیاسی حالات اور سیاسی شخصیتوں کے نظریات پیش کیئے اور اُن پر اپنے تاثرات بھی بیان کیئے۔ علی گڑھ مسلم یونیورسٹی سے لفظ مسلم کا نام نکالنے کی کوشش کرنے والے ایم۔ سی چاگلا کا حال بیان کرتے ہوئے لکھتے ہیں۔

''ایم۔ سی چاگلا نے تعلیم کے شعبے میں کئی اچھے کام انجام دیئے۔ مگر انہوں نے بنارس ہندو یونیورسٹی کے نام سے لفظ ہندو اور علی گڑھ مسلم یونیورسٹی کے نام سے مسلم نکالنے کی جو کوشش کی وہ کامیاب نہ ہوئی۔ ہندو اکثریت اس کے لئے تیار نہ ہوئی۔ اس لئے علی گڑھ کا نام بدلنے کا سوال ہی نہ اُٹھا چاگلا کو احساس نہ تھا کہ ان ناموں کی ایک تاریخ ہے۔ اور دستور ہر مذہب کو یہ اجازت دیتا ہے کہ وہ اپنے ادارے چلائے اور ان کا خود انتظام کرے''[۲۱]

آل احمد سرور نے امریکہ سے واپسی پر برطانیہ کا سفر بھی کیا تھا۔ ہندوستان واپس ہونے کے بعد حیدرآباد میں انجمن ترقی اُردو کی کانفرنس میں شرکت کی اور پھر وزیٹنگ پروفیسر کی حیثیت سے شملہ میں اُن کا تقرر رہا۔ اُس دوران اُن کی چند ایک کتابیں بھی شائع ہوتی رہیں۔ شملہ میں قیام کے دوران سرور نے دیگر زبانوں کے ادب کا بھی مطالعہ کیا۔ اس ضمن میں اپنے خیالات کا اظہار کرتے ہوئے سرور لکھتے ہیں۔

''اُردو ادب کا عرفان حاصل کرنے کے لئے ہمیں اُردو کے علاوہ فارسی ادب' ہندی ادب اور انگریزی ادب کا علم ہونا ہی چاہیے۔ اس کے علاوہ ہندوستانی ادبیات کے جدید میلانات کا بھی۔ ادبی تخلیق ایک خاص فضاء میں وجود میں آتی ہے اور یہ فضاء اتنی اکہری نہیں ہوتی جتنی عام طور پر سمجھی جاتی ہے''

۲۲

شملہ میں قیام کے بعد سرور کشمیر یونیورسٹی چلے گئے۔ وہاں اقبال چیئر پر اُن کا تقرر رہا۔ وہاں سے بین الاقوامی اقبال کانفرنس میں شرکت کے لئے پاکستان گئے۔ پاکستان میں ادبی اجلاسوں کے احوال اور مختلف ادیبوں سے ملاقاتوں کا ذکر سرور نے اپنی آپ بیتی میں پیش کیا ہے۔ پاکستان سے واپسی کے بعد سرور نے کشمیر میں اپنی مصروفیتوں کے احوال بیان کئے۔ وہ درمیان میں کشمیری تہذیب بھی بیان کرتے جاتے ہیں کشمیری کھانے کا ذکر کرتے ہوئے لکھتے ہیں۔

''ان کا دعوتوں کا کھانا وازوان کہلاتا ہے باورچیوں کا ایک قبیلہ جو وازہ کہلاتا ہے یہ پکاتا اور کھلاتا ہے کشمیریوں کے یہاں وازوان بڑی نعمت ہے۔ چار آدمی آمنے سامنے بیٹھ کر ایک بڑی تھالی سے کھاتے ہیں۔ جسے ترامی کہتے ہیں۔ چاول سے بھری ہوئی تھالی میں مرغ کی ٹانگیں' کباب اور تلی ہوئی پسلیاں جو طبق ماس کہلاتی ہیں رکھی ہوتی ہیں۔ پھر مختلف طرح کے گوشت کے سالن آتے رہتے ہیں ایک بڑے پیالے میں دہی ہوتا ہے رشتاء اور گوشتابہ جو سب سے آخر میں آتا ہے پسندیدہ کھانے

ہیں۔ پہلے میٹھے کا رواج نہ تھا اب سوجی کے حلوے کا چلن ہو چلا ہے۔'' ۲۳ے

کشمیر کی تہذیب کے علاوہ سرور نے اس آپ بیتی میں کشمیر کی سیاست پر بھی اپنی معلوماتی اور رائے کو پیش کیا ہے۔ ہندوستان اور پاکستان کے درمیان اصل مسئلہ کشمیر کا ہے۔ اس مسئلہ کی وضاحت کرتے ہوئے سرور لکھتے ہیں۔

کشمیری مسلمان جذباتی بنیاد پر پاکستان سے الحاق چاہتے تھے۔ مگر شیخ صاحب کے اثر سے نیشنل کانفرنس نے ہندوستان سے الحاق منظور کر لیا۔ قانونی طور پر تو مہاراجہ ہری سنگھ کی الحاق کی درخواست کافی تھی۔ مگر شیخ صاحب نے عوام کے نمائندے کی حیثیت سے مہاراجہ ہری سنگھ کی تجویز کی تائید کی۔ پنڈت جواہر لال نہرو نے یہ بھی کہا تھا کہ کشمیر کے عوام رائے شماری Refrendum کے ذریعہ سے اپنی قسمت کا فیصلہ کریں گے۔ اس کیلئے پاکستان کے اس حصے کو خالی کرنا تھا۔ جو آج آزاد کشمیر کہلاتا ہے۔ مگر ایسا نہیں ہوا معاملہ اقوام متحدہ میں پہونچا مگر رائے شماری کیلئے ہندوستان کی جو شرط تھی وہ پوری نہ ہو سکی۔'' ۲۴ے

سرورؔ نے کشمیر کا ذکر اپنی آپ بیتی میں نسبتاً تفصیل سے کیا ہے۔ کشمیر سے واپسی پر اُنہیں ڈی اٹ کی اعزازی ڈگری دی گئی تھی۔ علی گڈھ واپسی کے بعد سرور اپنی تخلیقات کو اکھٹا کرنے اور اُنہیں ترتیب دے کر شائع کرنے کی دھن میں لگ گئے۔ اپنی سوانح عمری کے آخری باب ''حرف آخر'' میں سرور نے اپنی زندگی عملی دور پر ایک طائرانہ نظر ڈالی ہے۔ اور مختلف شخصیات سے ملاقاتوں کی یادوں کا تذکرہ کیا ہے اور زندگی اور ادب کے بارے میں اپنے فلسفیانہ خیالات پیش کئے۔ سرور فطرت کے پرستارے تھے۔ انہوں نے کشمیر اور ملک و بیرون ملک جہاں بھی سفر کیا فطرت کو قریب سے دیکھا تھا۔ اور اس سے لطف اندوز ہوئے۔ فطرت سے اپنی دلچسپی اور لگاؤ کو بیان کرتے ہوئے سرور شاعر بن جاتے ہیں۔ پہاڑوں سے اپنے عشق اور لگاؤ کا تذکرہ کرتے ہوئے سرور لکھتے ہیں:

''پہاڑوں سے مجھے شروع سے عشق رہا ہے۔میرے لئے پہاڑوں میں زیادہ کشش ہے مجھے اُن کی آغوش میں سکون ملتا ہے۔طبیعت کو ایک شادابی حاصل ہوتی ہے۔ برف پوش چوٹیوں کا نظارہ روح کو پرواز پر مائل کرتا ہے۔ چٹانوں میں ہو کر تیز اور پرشور موجوں کا سکڑنا' سمٹنا: پھیلنا اور آگے بڑھنا وجد میں لاتا ہے۔دیودار کے جھنڈ کے جھنڈ کہہ رہے ہیں کہ ہماری طرح تم بھی آسمان سے باتیں کرو۔دریا کے کنارے دور تک خودرو پھول' رنگ اور خوشبو پھیلاتے ہیں یہ نظارے دیکھ کر محسوس ہوتا ہے کہ جسم اور روح دونوں نے غسل کیا ہے۔ذہن سے سارا زنگ دور ہو جاتا ہے فطرت کا یہ حُسن زندگی کا ایک نیا عرفان عطا کرتا ہے۔''[۲۵]

سرورؔ نے اپنی زندگی میں جن دو شخصیات سے رہبری و رہنمائی حاصل کی وہ رشید احمد صدیقی اور ذاکر حسین ہیں۔سرور کہتے ہیں کہ رشید صاحب سے اُنہیں ہمدردی اور ادبی بصیرت ملی جبکہ ذاکر صاحب سے زندگی کو بامعنی بنانے اور روشن خیالی کو عام کرنے کا جذبہ ملا۔اور ذاکر صاحب سے اُنہیں زندگی' تعلیم' تہذیب' علم و ادب کے اسرار و رموز کا علم ہوا۔سرور نے رشید احمد صدیقی اور ذاکر صاحب کے علاوہ جن شخصیات سے اپنی ملاقاتوں کا ذکر کیا ہے۔اُن میں ڈاکٹر ضیاء الدین' پروفیسر ابوبکر احمد حلیم' پروفیسر محمد حبیب' خواجہ غلام السیدین' ڈاکٹر ظفر الحسن' میاں محمد شریف' حید خان' امتیاز علی خان عرشی' واجد علی خان اشکؔ' کیلاش چندر' حسن عادل' خلیل اللہ قریشی' احمد رضا خان' حفیظ اللہ' صدیق علی خان' آنند نارائن ملا' اثر لکھنوی' سعود عبدالاحد خان خلیل' اچاریہ نریندر دیو' احسن فاروقی' رشید جہاں' چیلا پتی راؤ' ڈی۔پی مکرجی' ویر بہادر' دیو کی پانڈے' صدیق حسن' نیاز فتح پوری' ڈاکٹر نسیم صبیحی' ڈاکٹر زین العابدین قدوائی' شیام کشن نارائن' اختر اور نیوی وغیرہ ہیں۔ان شخصیات سے یادیں اور ملاقاتیں بیان کرتے ہوئے سرور نے اپنی آپ بیتی کو اپنے دور کی ادبی تاریخ بنا دیا۔

سرور ایک اچھے شاعر رہے ہیں وہ زمانہ طالب علمی سے ہی شعر کہنے لگے تھے۔اپنی شعری واردات کا

تذکرہ کرتے ہوئے سرور لکھتے ہیں:

''شعر میں برابر کہتا رہا ہوں۔ کوئی کیفیت' کوئی تجربہ' کوئی منظر' کوئی چہرہ' کوئی تضاد مجھے ایک اور عالم میں لے جاتا۔ پھر کوئی مصرع ذہن کے نہاں خانے سے ابھرتا ہے۔ کبھی پہلا مصرعہ کبھی دوسرا۔ اگر یہ محسوس ہوتا ہے کہ بات بن گئی تو پھر سلسلہ آگے چلتا ہے ورنہ نہیں۔ ایک شعر کے بعد ہی کاغذ قلم کی پھر ضرورت ہوتی ہے۔ ورنہ شعر کچھ دیر کے بعد ذہن سے محو ہو جاتا ہے۔ کاغذ پر نقش اول تیار کرنے کے بعد اُسے علحدہ رکھ دیتا ہوں اور پھر کچھ وقفے کے بعد جو لکھا ہے اُس پر تنقیدی نظر ڈالتا ہوں۔ کبھی خاص ترمیم ہوتی ہے کبھی زیادہ نہیں۔''۲۶

سرورؔ نے اپنی شعری واردات کی کیفیت بیان کرنے کے بعد ادب میں تنقید کی اہمیت اور افادیت بیان کی۔ وہ شاعری کیلئے تنقیدی شعور کو ضروری قرار دیتے ہیں۔ سرور کہتے ہیں کہ شاعری پر بہت تنقید ہو چکی ہے نثر میں تنقید کا سرمایہ کم ہے۔ اس ضمن میں وہ لکھتے ہیں:

''متمدن انسان کے زیادہ تر کام اب نثر انجام دیتی ہے اس لئے نقاد کو شاعری کی تنقید کے علاوہ نثر کی تنقید خصوصاً فکشن کی تنقید پر بھی پوری توجہ دینی چاہئے۔ اس بات کی ضرورت بہر حال ہے کہ نثر پر تنقید کی لے بڑھے کیونکہ ہماری نثر اب ایسی گئی گزری نہیں رہی۔ افسانے اور ناول میں اس نے نمایاں ترقی کی ہے۔ انشائیہ' سوانح نگاری' خودنوشت' طنز ومزاح' سفرناموں' مکاتیب کا ایک قابل قدر سرمایا آج ہماری نثر میں موجود ہے۔ تنقید اس طرف اور توجہ کرے تو تخلیقی نثر کا معیار بہتر ہوگا۔ اس تنقید کے سامنے مشرق ومغرب کے سارے معیار ہونے چاہئیں۔ میں مقامی احساس کے ساتھ عالمی تناظر کا بھی قائل ہوں۔''۲۷

سرور نے شاعری اور تنقید پر اپنے خیالات پیش کرنے کے بعد ہندوستان کی ترقی کا جائزہ لیا ہے۔ اور لکھا کہ ہندوستان زراعت اور سائنس وٹکنالوجی کے میدان میں ترقی کر رہا ہے تاہم اُنہیں خواندگی کی

کم شرح اور غربت اور بیماریوں پر قابو پانے میں ناکامی پر اظہار افسوس ہے۔ مذہب کی حقیقی روح پر زور دیتے ہوئے لکھتے ہیں کہ عبادات پر زور دیا جارہا ہے لیکن لوگوں کے معاملات صحیح نہیں ہیں۔ مشرق میں بھی مادہ پرستی بڑھ رہی ہے لوگ حق کیلئے لڑ رہے ہیں فرائض کو نظر انداز کر رہے ہیں۔ سرور نے ایک ذمہ دار ہندوستانی شہری کی طرح ہندوستان کے عام آدمی کے طرز زندگی اور اس کے برتاؤ کا حال بیان کیا۔

اردو رسم الخط کی بقاء پر زور دیتے ہوئے سرور لکھتے ہیں کہ اردو زبان کو صرف اردو دوست ہی بچا سکتے ہیں۔ حکومت پر انحصار کرنا ٹھیک نہیں ہے۔ عمر کے ہر طبقے کے افراد کیلئے علحدہ ادب لکھا جانا چاہئے۔ مشاعرے اور کانفرنس اردو کو ترقی نہیں دے سکتے۔ اردو کی ترقی کیلئے اردو میں تعلیم، اردو میں کتابوں کی اشاعت اور جدید معلوماتی کتابوں کا اردو میں ترجمہ کرنا ضروری ہے۔ اپنے اسلامی عقیدہ کا اظہار کرتے ہوئے مسرور لکھتے ہیں:

''میں مسلمان ہوں۔ اور مولانا آزاد کے الفاظ میں اسلام کے تیرہ سو سال کے سرمائے کا امین۔ میرا اسلامی تشخص میری روح کی ترجمانی کرتا ہے۔ اور میں ہندوستانی بھی ہوں۔ اور یہ ہندوستانیت بھی میری پہچان ہے۔ اسلام مجھے اس ہندوستانی قومیت سے نہیں روکتا بلکہ بقول مولانا آزاد'' اس میں میری رہنمائی کرتا ہے۔ یہ واقعہ ہے کہ مذہب مجھے اپنے خاندان اور ماحول سے ملا۔ مگر میرے ذاتی مطالعے اور تجربات نے اس بنیاد کو مستحکم کیا۔ توحید پر عقیدہ مساوات انسانی کی طرف لے جاتا ہے۔ خدا صرف رب المسلمین نہیں رب العالمین ہے رسول مقبول صلی اللہ علیہ وصلم کی سیرت کی جامعیت مجھے شروع سے متاثر کرتی رہی ہے۔ اسلام ترک دنیا نہیں سکھاتا یہ دنیا کا حق ادا کرنا سکھاتا ہے مگر دنیا کو آخرت کی کھیتی سمجھتا ہے۔'' ۲۸

سرورؔ نے اپنی آپ بیتی کے آخر میں اپنی بیماری اور بیٹے کے انتقال کا ذکر جذباتی انداز میں کیا ہے۔ ان

کی آپ بیتی کا یہ سفر ۱۹۷۹ء تک محیط ہے۔ کتاب کے اختتام پر اپنا اور زندگی کا پیام دیتے ہوئے لکھتے ہیں:

''زمانہ اتنی تیزی سے بدل رہا ہے کہ میں اپنے آپ کو بہت پرانا محسوس کرنے لگا ہوں حالانکہ زندگی بھر نئے خیالات اور رجحانات سے خود آشنا ہونے اور دوسروں کو روشناس کرانے کی کوشش کرتا رہا ہوں۔ میں نے عمر بھر چند قدروں کو عزیز رکھا ہے۔ ادب سے عشق کیا مناظر فطرت کے حسن سے جب موقع ملا دل و دماغ کو تازگی اور روشنی دیتا رہا میرا کسی سیاسی پارٹی سے تعلق نہیں رہا۔لیکن اپنے وطن اور اُس کی مشترک تہذیب سے محبت کے ساتھ عالمی تناظر میں لوگوں اور چیزوں کو دیکھنے کی کوشش کرتا رہا۔ اس زمانے میں سب کچھ لینے اور کم سے کم دینے کا رجحان عام ہے اسکے برخلاف میرا مسلک یہ رہا کہ لینے کے ساتھ کچھ دے بھی سکوں۔''۲۹

اہم شخصیات کا ذکر:۔ آل احمد سرورؔ نے اپنی طویل سوانح میں بے شمار شخصیات کا ذکر کیا ہے۔ جن سے اُن کی ملاقاتیں رہی ہیں یا جنھوں نے سرور کو متاثر کیا۔ ان میں سیاست دان، ادیب، شاعر، دانشور سبھی ہیں۔ اس طویل فہرست میں لوگوں کے نام کچھ اسطرح ہیں پنڈت جواہر لال نہرو قائد اعظم، محمد علی جناح، مولانا ابوالکلام آزاد، سروجنی نائیڈو، ہردے ناتھ، پنڈت سندر لال، شیخ عبداللہ، مرزا افضل بیگ، بخشی غلام محمد، خواجہ غلام محمد، غلام محمد صادق، مولانا حفظ الرحمٰن، بہادر یار جنگ، آچاریہ نریندر دیو، اندرا گاندھی، پنڈت پنت، ڈاکٹر سمپورنانند، خان عبدالغفار خان، مولانا عبداللہ سندھی، غلام محمد، سر راز مسعود، ڈاکٹر ضیاء الدین، اے۔بی۔اے حلیم، ڈاکٹر ہادی حسن، احسن مارہروی، ڈاکٹر ذاکر حسین، کرنل زیدی، خواجہ غلام السیدین، اچاریہ نریندر دیو، ڈی۔این مجمدار، رادھا کرشن، ڈاکٹر سید عبداللہ، جاوید اقبال، انا میری شمیل، عبدالرحمٰن بارکر، مولوی عبدالحق، صفی لکھنوی، میر محفوظ علی بدایونی،

عبدالماجد دریابادی، قاضی عبدالغفار، سجاد حیدر یلدرم، سلیمان ندوی، کشن پرشاد کول، اصغر، جگر، حسرت موہانی، فانی، یاس یگانہ، جوش، جعفر علی خان، نیاز، اقبال سہیل، ڈاکٹر رشید جہاں، آئی۔ اے رچرڈس، اسٹفین اسپنڈر، شودھان سنگھ چوہان، بھگوتی چرن ورما وغیرہ شامل ہیں۔ ظاہر ہے سرور نے زندگی کے مختلف شعبۂ ہائے حیات سے تعلق رکھنے والی ان شخصیات سے ملاقات کرتے ہوئے ضرور کچھ نہ کچھ سیکھا ہوگا اور اُسے اپنے ذہن کے ذریعہ پیش کیا ہوگا۔ سرور کی یہ سوانح مختلف واقعات لوگوں کے بارے میں اظہار خیال، کئی معلومات اور انکشافات پر مبنی ہے۔

آل احمد سرور نے خودنوشت ''خواب باقی ہیں'' میں مختلف اشخاص وحالات کا تجزیہ وسعت نظر، فکر کی گہرائی، سلامت روی اور ژرف نگاہی سے کیا۔ وہ علامہ اقبال کے معترف اور مداح ہیں۔ ۱۹۴۷ء میں تقسیم ملک کے بعد بعض سیاسی وجوہات کی بناء اقبال کی شخصیت پس پردہ چلی گئی تھی۔ اُن کی بازیابی میں جن نقادوں اور دانشوروں نے اہم کردار ادا کیا اُن میں آل احمد سرور نمایاں ہیں۔ یہ حسن اتفاق تھا کہ انہیں کشمیر یونیورسٹی میں اقبال انسٹی ٹیوٹ کی سربراہی کا موقع ملا۔ وہاں کام کرکے سرور نے اقبال کے ساتھ اپنی محبت عقیدت وارادت کا عملی ثبوت پیش کیا۔ سرور کی ایک اور پسندیدہ شخصیت مولانا ابوالکلام آزاد ہیں سرور نے اکثر اپنے مذہبی اور سیاسی افکار کی تشکیل میں مولانا آزاد کے قول و فعل سے روشنی حاصل کی ہے۔ سرور نے اپنی آپ بیتی میں اپنے شخصت کے توازن کا ثبوت دیا ہے۔ اور وہ کسی ایک نظریے کی تائید کے دوران دوسرے نظریے کی نفی کرتے دکھائی نہیں دیتے سرور کی شخصیت کے توازن کو پیش کرتے ہوئے ریاض الرحمٰن شروانی لکھتے ہیں:

''سرور صاحب کے مزاج اور شخصیت کا ایک قابل ذکر پہلو اُن کا عدل وتوازن ہے۔ یہ توازن فکر، تنقید، سیاست مذہب ہر باب میں نمایاں ہے۔ انہوں نے اپنی خودنوشت میں جہاں اردو ادب کی ترقی پسند تحریک سے اپنی وابستگی کا ذکر کیا وہاں اُن کا یہ جوہر بخوبی واضح ہوتا ہے۔ مثلاً وہ سوشلزم کے

قائل ہونے کے باوجود کمیونزم سے اپنے کو کبھی ہم آہنگ نہیں کرسکے۔ وہ مذہب کی روحانی طاقت اس کے اخلاقی مشن اور سیرت رسول ﷺ کے آفاقی پہلوؤں کے قائل ہونے کے باوجود مذہبی تنگ نظری سے ہمیشہ دور رہے۔ اور مسلکی اختلافات انہیں کبھی متاثر نہ کرسکے۔'' ۳۰

سرور کی سوانح میں جہاں اُن کی شخصیت کا توازن جھلکتا ہے وہیں اپنی ذات کی کمزوریوں کے اعتراف کی ان کی خوبی بھی اس سوانح میں جا بجا اپنی جھلک دکھاتی ہے۔ انسان اپنی خودنمائی کا کوئی موقع ہاتھ سے جانے نہیں دیتا جبکہ کمزوریوں کا اعتراف بڑے دل کی بات ہے۔ اور اس سے کسی کی اخلاقی جراءت کا اظہار ہوتا ہے۔ سرور لکھتے ہیں:

''میری زندگی میں کوئی نظم وضبط نہیں ہے۔'' (خواب باقی ہیں ۷)

''میری زندگی منظّم اور مرتب نہیں ہے۔'' (۳۵۸)

''میں بعض معاملات میں بہت سست واقع ہوا ہوں۔'' (۳۱۳)

''میری ایک کمزوری یہ ہے کہ کبھی کبھار بغیر نوٹس دئے کچھ کھو جاتا ہوں۔'' (۱۵۵)

سرور کی سوانح چونکہ خودنوشت ہے۔ اس لئے انہوں نے کتاب میں جا بجا واحد متکلم کا صیغہ میں یا میرا استعمال کیا ہے۔ اوپر کے جملوں سے یہ پہلو عیاں ہوتا ہے سرور کی خودنوشت میں ''میں'' کی تکرار پر تبصرہ کرتے ہوئے ریاض الرحمٰن شیروانی لکھتے ہیں:

''خودنوشت سوانح عمری میں ''میں'' کی تکرار ناگزیر ہے۔ تاہم خواب باقی ہیں میں بعض مقامات پر ایسا محسوس ہوتا ہے کہ اس ''میں'' کی لے ضرورت سے زیادہ تیز ہوگئی ہے۔ یہ احساس سب سے بڑھ کر سرور صاحب کی علی گڑھ مسلم یونیورسٹی کی ملازمت کے دوسرے دور کے احوال میں ہوتا ہے یہ صحیح ہے کہ اس زمانے میں سرور صاحب 'ذاکر صاحب اور زیدی صاحب کے بہت قریب رہے۔ اور یہ دونوں یونیورسٹی کے مسائل میں اُن سے

یقیناً مشورہ کرتے ہوں گے۔ پھر بھی انہوں نے بعض اہم فیصلوں کا کریڈٹ لینے کی کوشش کی ہے۔ ۳۱

آل احمد سرورؔ نے اپنی آپ بیتی میں اپنے خیالات زندگی، اہم واقعات مختلف شخصیات کے بیان کے علاوہ جن موضوعات پر اظہار خیال کیا ہے اُن میں شاعری، تنقید و تخلیق، ملک کی ترقی و پسماندگی، ہندوستانی زبانوں کا ادب، اردو کی ضرورتیں، اسلام، مسلمان اور مسلم پرسنل لاء، ہندوستان کی صورتحال، تعلیمی مسائل، سیاسی پارٹیاں، سماجی حالات وغیرہ شامل ہیں۔

خواب باقی ہیں کا اسلوب: آل احمد سرور نے اپنی خودنوشت میں بیانیہ انداز میں حالات و واقعات پیش کئے ہیں۔ اور حقیقت بھی یہ ہے کہ سوانح نگاری بیانیہ صنف ہے۔ اس میں ہر جگہ انشائیت ممکن نہیں۔ اسلئے اس کتاب کے بیشتر صفحات سیر بین کی حیثیت رکھتے ہیں۔ لیکن سرور نے مناظر قدرت کے بیان اور بعض واقعات کو دلچسپ انداز میں پیش کرتے ہوئے اس سوانح عمری کو ادب لطیف کا نمونہ بنادیا اور قاری اس کتاب کے مطالعے سے اکتاہٹ محسوس نہیں کرتا۔ پہلگام کیخو بصورت مناظر کا ذکر کرتے ہوئے سرور لکھتے ہیں:

''دریائے سندھ کے شور اور دونوں طرف اونچے کالے پہاڑوں کو دیکھ کر خاصا ڈر لگا۔ بارش تیز ہو رہی تھی اس عالم میں سونامرگ کی سرسبز و شاداب وادی نظر آئی۔ جس کے بیچوں بیچ دریائے سندھ بالکل ایک سانپ کی طرح لہرا رہا تھا۔'' ۳۲

سرور نے قدرتی مناظر کے بیان کے علاوہ اپنی شخصیت کی تجزیہ نگاری کے دوران دلچسپ اسلوب اختیار کیا ہے۔ واقعات کے بیان کے وقت اُن کا اسلوب رواں ہو جاتا ہے۔ سرور کی آپ بیتی میں ایک ناول کا سا احساس پایا جاتا ہے۔ ناول میں واقعات اور کرداروں کے سہارے زندگی کا بیان ہوتا

ہے۔اس سوانح عمری میں سرور کے علاوہ دیگر شخصیات کا بیان واقعات کے ذریعہ ہوا ہے۔اسطرح کی آپ بیتی کو ایک دلچسپ ناول بھی کہا جا سکتا ہے۔سرور نے اپنے اسلوب کے دوران کچھ تجربے بھی کئے ہیں بعض انگریزی محاوروں کا اردو میں ترجمہ کیا ہے۔جیسے ''مگر یہاں اپنی کشتیاں جلا چکے تھے (۱۴۶)۔نئی تراکیب کا استعمال کیا ہے جیسے ٹاٹ باہر کرنا وغیرہ۔بعض الفاظ کی تذکرو تانیث میں بھی سرور نے نئی طرز اختیار کی۔

سرور نے اپنی آپ بیتی میں خود کو دوسروں کی نظر سے اور دوسروں کو اپنی نظر سے دیکھنے کی کوشش کی ہے۔ایسا لگتا ہے کہ ''خواب باقی ہیں'' میں سرور نے زندگی کی شام میں اپنا عکس دوسروں ہی کی نظروں سے دکھانے کی کوشش کی ہے۔

خواب باقی ہیں اپنے عہد کی تاریخ: ۔یہ خودنوشت تقسیم ہند سے پہلے کے دور اور بعد کے واقعات کے درمیان ایک اہم پل ہے۔یہ خودنوشت سوانح ہی نہیں بلکہ اپنے عہد کی تاریخ ہے اس میں سرور نے ہندوستان کی تہذیب، جغرافیہ، معاشیات، ثقافت، علم و ادب سبھی کو سما دیا ہے۔اس سوانح میں بیسویں صدی کی چھ سات دہائیوں کی تاریخ ملتی ہے۔خاص طور سے علی گڑھ کے حالات کو سرور نے تفصیل سے پیش کیا ہے۔اس سوانح میں سرور نے اردو شعر و ادب اور تعلیم و ثقافت کی کئی شخصیات کا تذکرہ کیا ہے۔نیاز فتح پوری کا ذکر کرتے ہوئے سرور لکھتے ہیں۔

نیاز صاحب ان معدودے چند ادیبوں میں ہیں جنہوں نے نہ صرف سارا وقت ادب کی نذر کیا ہے بلکہ اس کے ذریعہ سے ایک صاف ستھری باوقار زندگی بھی بسر کی ہے۔وہ نوجوان لکھنے والوں کی بڑی ہمت افزائی کرتے تھے۔اگر کسی کو ضرورت ہوتو معاوضہ بھی دیتے تھے۔۔۔من و یزداں کے نام سے ان کی جو کتاب شائع ہوئی وہ ان کی دانشوری کی اچھی مثال ہے[۳۲]

خواب باقی ہیں ایک سفر نامہ:۔ سرور کی یہ خودنوشت ایک ادیب کا سفرنامہ بھی ہے۔اس سوانح میں سرور نے اپنے آبائی مقام بدایوں سے لیکر علی گڑھ، دہلی، رامپور، کشمیر اور ملک و بیرون ملک مختلف مقامات کے احوال اس خوبی سے بیان کئے ہیں کہ قاری کو اس سوانح کے مطالعے سے ایک سفر نامے کے مطالعے کا سرور حاصل ہوتا ہے۔اور ملک و بیرون ملک کئی شہروں کی تہذیب و معاشرت سے بھی آگئی حاصل ہوتی ہے۔اس سوانح میں سرور نے جابجا بیرون ملک اپنے سفر کے احوال بیان کئے ہیں چنانچہ سرور اپنے سفر ماسکو کا حال بیان کرتے ہوئے لکھتے ہیں۔

دوسرے دن صبح کوئی دس بجے ہملینن گراڈ پہونچے۔یہ ماسکو کے شمامغرب میں واقع ہے۔ماسکو کی کوئی نئی عمارت خوبصورت نہیں۔لینن گراڈ کے گرجا گھر اور محل بڑے خوبصورت ہیں۔شہر کے بیچ دریائے نیوا ہے۔لینن گراڈ بالٹک کے کنارے واقع ہے۔ہوٹل سے ہم لوگ سیدھے آرٹ پیلس دیکھنے گئے۔وہاں کئی گھنٹے صرف کئے۔اللہ اللہ یہ کیسا عظیم الشان نگار خانہ ہے۔مصوری بت تراشی ظروف اور دنیا بھر کے نوادر کا بے مثال خزانہ۔میں نے یورپ کی مصوری کے بہت سے شاہکار یہاں دیکھے۔

۳۳

سرورؔ نے اپنی آپ بیتی کا عنوان ''خواب باقی ہیں'' رکھا ہے لیکن اُن کے حالات پڑھنے سے اندازہ ہوتا ہے کہ ان کے خوابوں کی تکمیل ہو چکی ہے۔لیکن انسانی خواہشات کا سلسلہ لامتناہی ہوتا ہے اوران خواہشات کی تان موت پر ہی ٹوٹتی ہے۔عمر کے آخری پڑاؤ میں نہایت دھیمے انداز میں اپنی خواہشات کا تذکرہ کرتے ہوئے لکھتے ہیں:

''عمر کی اس منزل میں بھی ابھی مجھ میں جینے کا ولولہ، کچھ کام کر جانے کا ارمان، کوئی اچھی نئی کتاب پڑھنے کا شوق، دنیا کی نیرنگیوں سے زندگی سے حُسن سے دلچسپی باقی ہے۔ برسات میں شام کی شفق اب

بھی نظر میں رنگ بھر دیتی ہے ہرے ہرے کھیتوں کی ہریالی اب بھی آنکھوں جو تازگی بخشتی ہے۔ مجھ کو چمن میں چڑیوں کا چہچہانا بہت اچھا لگتا ہے۔ اچھی صورت پر نظر ٹھہر جاتی ہے کوئی پرانا دوست مل جاتا ہے تو محسوس ہوتا ہے کہ جوانی لوٹ آئی۔ ٹھنڈا پانی' اچھی چائے' مزیدار پان' کریلے' کباب' رساول کا لطف اب بھی یاد رہتا ہے۔ کوئی مزے کا فقرہ' کوئی اچھا شعر اب وجد کی کیفیت پیدا کرتا ہے۔ میرا حافظہ ایک زمانے میں بہت اچھا تھا۔ اب وہ بات نہیں رہی۔ روز آنہ کوئی نہ کوئی بات بھول جاتا ہوں۔ شکر ہے کہ تھوڑی بہت یاد رہ جاتی ہے۔ خدا کا شکر ہے کہ میں کسی کا محتاج نہیں ہوں۔ اپنے بچوں کا بھی نہیں ٹھاٹ باٹ کی زندگی مجھے پسند نہیں۔ صاف ستھری سیدھی سادی زندگی گذارنا ہی میرا شعار ہے۔''[۳۴]

سرورؔ نے جس انداز میں اپنی زندگی اور پسند ناپسند کا محاکمہ کیا ہے۔ اس سے اُنکی سوانح عمری کینام ''خواب باقی ہیں'' کی معنویت اُجاگر ہوتی ہے۔ سرورؔ نے ۱۹۸۶ء میں زندگی کے پچھتر سال مکمل ہونے پر ایک نظم کہی تھی جس سے اُن کی زندگی کے سفر کا اندازہ ہوتا ہے سرور لکھتے ہیں:

''پچھتر ۷۵ سال گزرے آج دنیا میں مجھے آئے
نظر کا شعلہ مدھم ہے لہو کا رقص دھیما ہے
قدم بھی سست ہیں سائے بھی لمبے ہوتے جاتے ہیں
صدا کوئی کسی کوہِ ندا سے جانے کب آئے
نفس کا آرزو کا کھیل' کب خاموش ہو جائے
بہت دیکھا' بہت سوچا' بہت چاہا' بہت پایا
نظر شاداب ہے آباد ہے' دل فکر روشن ہے
سہارا کتنے خوابوں کا' دلاسا کتنی یادوں کا

مرے پھولوں کی خوشبو، میری کلیوں کی جگرداری
مری سی وفا، سعی جنوں، سعی حنا بندی
ہزاروں خواب ہیں پامال لیکن خواب باقی ہیں
اجالوں کا سفر جاری رہے گا میری کرنوں سے
ستارے ماند ہوتے ہیں تو سورج بھی تو اُگتے ہیں
یہ سائے میرا کیا لیں گے قبا ہی تو چرالیں گے
سوادِ شام میں گھل کر، کسی تارے سے مل جل کر
لکیریں روشنی کی کچھ نئے جادو جگائیں گی
نئے خوابوں نئی سعی جنوں کو جگمگائیں گی۔

سری نگر ۹ ستمبر ۱۹۸۶ء ۳۵

''خواب باقی ہیں'' پر مشاہیر کی رائے:۔ سرورؔ کی خود نوشت کا تعارف کراتے ہوئے شافع قدوائی یوں رقمطراز ہیں:

''سرور صاحب نے اپنی طویل اور متنوع علمی ادبی وثقافتی سرگرمیوں کی روداد غیر جذباتی انداز میں ''خواب باقی ہیں'' کے عنوان سے مرتب کی ہے۔ سرور صاحب کی بھرپور اور متنوع زندگی نیز متنوع اور وقیع تجربات سے نئی نسل روایت کا عرفان حاصل کرسکتی ہے۔ اس خودنوشت میں تقریباً ۶ دہائیوں پر محیط مدت کو علمی فضا معاشرتی صورت حال اور ادبی مباحث پر روشنی ڈالی گئی ہے۔ مزید برآں اس دور کے اہم ادبی ، علمی ثقافتی اور مذہبی رجحانات، سیاسی تحریکات ذہنی میلانات اور اس سے منسلک حضرات کے اعمال و افعال کا بھی معروضیت کے ساتھ محاکمہ کیا گیا

ہے۔خودخودنمائی Self Exalation کی ایک زیریں لہر کے باوجود یہ خودنوشت اردو میں شائع ہونے والی اکثر آپ بیتیوں کی طرح مبالغہ آرائی' آرائش سخن' خوداشتہاری اور مخالفین پر سب وستم سے بڑی حد تک عاری ہے۔ اس لحاظ سے یہ آپ بیتی ایک منفرد مقام رکھتی ہے۔ ۳۶
خلیق انجم نے ''خواب باقی ہیں'' کو ایک عالم اور معلم کی سوانح قرار دیا ہے۔اس کتاب کا تعارف دلچسپ انداز میں کراتے ہوئے لکھتے ہیں:

''خواب باقی ہیں'' ایک ایسے ادیب' نقاد' عالم اور استاد کی سوانح ہے جس کے دن کبھی حسینوں کے کوچوں اور راتیں بالا خانے اور مئے خانے میں نہیں گذریں۔ یہ تو اردو کے ایک ایسے ممتاز شخصیت کی سوانح ہے جس پر حُسن پرستی اور عشق بازی کا الزام زندگی میں صرف ایک بار عائد ہوا تھا اور وہ بھی شادی کی صورت میں۔اور جس کی ساری زندگی علم حاصل کرنے اور دوستوں کی علم کی پیاس بجھانے میں گذری ہے۔اور جس نے ادیبوں اور نقادوں کی دو تین نسلوں کی ذہنی تربیت کی ہے۔ ۳۷

آل احمد سرور نے اپنی خودنوشت سوانح ۱۹۹۹ء میں مکمل کرلی تھی۔جبکہ ان کی عمر ۸۷ سال تھی اس کے تین سال بعد ۲۰۰۲ء میں اُن کا انتقال ہوا۔ اس طرح انہوں نے اپنی تقریباً زندگی اور اس کے مشاہدات کا احاطہ اس کتاب میں کردیا۔ایک طویل عمر پانے کے بعد لوگ موت کے منتظر رہتے ہیں۔ اُن میں خواب دیکھنے کی آرزو نہیں رہتی۔آدمی خواب دیکھنا چھوڑ دیتا ہے اس سے زندگی گذارنے کا ولولہ بھی چھن جاتا ہے۔سرور صاحب اس حوصلے اور ولولے سے کبھی محروم نہیں ہوئے۔شائد اُن کی طویل عمری کا ایک سبب یہ بھی ہو۔سرور نے کتاب کے آخر میں یہ بھی شکائت کی کہ زندگی میں اُن کی اتنی قدر شناسی نہیں ہوئی۔جس کے وہ مستحق تھے۔خاص طور سے اُن کی شاعری کو زیادہ سراہا نہیں گیا۔ سرور کی طرح اردو کے کئی ادیبوں کو یہ شکایت رہی کہ زندگی میں اُن کی قدردانی نہیں ہوئی۔ میرؔ نے اپنے دیوان کے بارے میں کہا تھا:

جانے کا نہیں شور سخن کا مرے ہرگز
تا حشر جہاں میں میرا دیوان رہے گا

اردو کے معتبر نقاد و شاعر پروفیسر مغنی تبسم کہتے ہیں

کل مرے لفظوں میں مرے جان رہے گی
دنیا یہ دیکھے گی تو حیران رہے گی

اردو کے شعرا اور ادیب اپنی ناقدری کا شکوہ کرتے رہے۔ اور اردو والوں کا عالم یہ ہے کہ زندگی میں کسی نامور ادیب و شاعر کی خیریت تک نہیں پوچھتے اور مرنے کے بعد اُس کے تعزیتی اجلاس منعقد کرتے ہوئے اُسے اردو کا نامور ادیب و شاعر قرار دیتے ہیں۔ آج سرور ہم میں نہیں لیکن اُن کی آپ بیتی ''خواب باقی ہیں'' کی شکل میں اُن کے سوانحی حالات لوگوں کو کام کرنے کا حوصلہ بخشتے ہیں۔ اور اُن کی تحریریں ادب شناسی اور تحسین ادب میں ہماری معاونت کررہی ہیں۔ سرور کی خود نوشت سوانح ''خواب باقی ہیں'' نہ صرف ایک ادیب کی سوانح ہے بلکہ یہ بہ یک وقت کئی موضوعات پر معلومات اور اطلاعات کا ایک اہم خزانہ ہے۔ سرور نے یہ سوانح لکھ کر نہ صرف اپنے عہد کی تاریخ کو محفوظ کردیا بلکہ اس کتاب میں پیش کردہ اپنی معلومات کو محفوظ کرتے ہوئے انہوں نے اس بات کی اہمیت بھی اجاگر کی کہ بڑے ادیب اگر اپنی خودنوشت لکھیں تو ان سے وابستہ یادیں آنے والی نسلوں کے لئے رہبری و رہنمائی کا باعث ہونگی۔ آل احمد سرور اپنی ذات میں ایک ایسی انجمن تھے جس کی بساط اُن کی یادوں اور اُن کے حسن کے ذریعہ ایک عرصے تک شمع اردو کے پروانوں کو روشنی دیتی رہے گی۔ سرور کے بارے میں یہی کہا جاسکتا ہے کہ

جانے والے کبھی نہیں آتے
جانے والوں کی یاد آتی ہے

حوالے

۱۔ آل احمد سرور۔ خواب باقی ہیں علی گڑھ ۲۰۰۰ء ۔ ۶

۲۔ شافع قدوائی۔ مشمولہ پروفیسر آل احمد سرور شخصیت اور فن۔ کتاب نما۔ ۲۴

۳۔ خلیق انجم۔ مشمولہ پروفیسر آل احمد سرور شخصیت اور حق۔ کتاب نما۔ ۳۰

۴۔ آل احمد سرور۔ خواب باقی ہیں۔ ۱۱

۵۔ آل احمد سرور۔ خواب باقی ہیں۔ ۱۲

۶۔ آل احمد سرور۔ خواب باقی ہیں۔ ۱۷

۷۔ آل احمد سرور۔ خواب باقی ہیں۔ ۱۸

۸۔ آل احمد سرور۔ خواب باقی ہیں۔ ۲۲

۹۔ آل احمد سرور۔ خواب باقی ہیں۔ ۲۳

۱۰۔ آل احمد سرور۔ خواب باقی ہیں۔ ۳۲۔ ۳۳

۱۱۔ آل احمد سرور۔ خواب باقی ہیں۔ ۳۷

۱۲۔ آل احمد سرور۔ خواب باقی ہیں۔ ۵۴

۱۳۔ آل احمد سرور۔ خواب باقی ہیں۔ ۵۷

۱۴۔ آل احمد سرور۔ خواب باقی ہیں۔ ۵۹

۱۵۔ آل احمد سرور۔ خواب باقی ہیں۔ ۷۰

۱۶ آل احمد سرور۔ خواب باقی ہیں۔ ۸۸۔۸۷

۱۷ آل احمد سرور۔ خواب باقی ہیں۔ ۱۱۵

۱۸ آل احمد سرور۔ خواب باقی ہیں۔ ۱۶۲

۱۹ آل احمد سرور۔ خواب باقی ہیں۔ ۔۱۶۴۔۱۶۳

۲۰ آل احمد سرور۔ خواب باقی ہیں۔ ۲۰۳

۲۱ آل احمد سرور۔ خواب باقی ہیں۔۲۲۳

۲۲ آل احمد سرور۔ خواب باقی ہیں ۲۶۵

۲۳ آل احمد سرور۔ خواب باقی ہیں۔ ۲۸۸

۲۴ آل احمد سرور۔ خواب باقی ہیں۔ ۲۹۱

۲۵ آل احمد سرور۔ خواب باقی ہیں۔ ۲۹۷

۲۶ آل احمد سرور۔ خواب باقی ہیں۔ ۳۳۱

۲۷ آل احمد سرور۔ خواب باقی ہیں۔ ۳۳۴

۲۸ آل احمد سرور۔ خواب باقی ہیں۔ ۳۴۱

۲۹ آل احمد سرور۔ خواب باقی ہیں۔ ۳۷۳

۳۰ ریاض الرحمٰن شیروانی۔ فکرنظر سرور۔ ۱۶۹

۳۱ ریاض الرحمٰن شیروانی۔ فکرونظر۔ سرور۔ ۱۷۱

۳۲ آل احمد سرور۔ خواب باقی ہیں۔ ۵۵ ۔ ۵۶

۳۳ آل احمد سرور۔ خواب باقی ہیں۔ ۳۵۴ ۔ ۳۵۵

۳۴ آل احمد سرور۔ خواب باقی ہیں۔ ۳۵۶

۳۵ شافع قدوائی۔ مشمولہ پروفیسر آل احمد سرور شخصیت اور فن۔ کتاب نما۔ ۲۴

۳۶ خلیق انجم۔ مشمولہ پروفیسر آل احمد سرور شخصیت اور فن۔ کتاب نما۔ ۳۰

۳۷ آل احمد سرور۔ خواب باقی ہیں۔ ۳۱۵

کتابیات

سلسلہ اشاعت	مصنف	تصنیف	مقام اشاعت	سنہ
۱۔	آل احمد سرور	تنقیدی اشارے	لکھنوء	۹۶۴!ء
۲۔	آل احمد سرور	ادب اور نظریہ	لکھنو	۱۹۵۴ء
۳۔	آل احمد سرور	پہچان اور پرکھ	دہلی	۱۹۹۰ء
۴۔	آل احمد سرور	تنقید کیا ہے؟	دہلی	۱۹۴۷ء
۵۔	آل احمد سرور	تنقید کے بنیادی مسائل	علی گڑھ	۱۹۶۷ء
۶۔	آل احمد سرور	فکر روشن	علی گڑھ	۱۹۹۵ء
۷۔	آل احمد سرور	کچھ خطبے کچھ مقالے	علی گڑھ	۱۹۹ء
۸۔	آل احمد سرور	مجموعۂ تنقیدات	لاہور	۱۹۹۶ء
۹۔	آل احمد سرور	مسرت سے بصیرت تک	دہلی	۱۹۷۴ء
۱۰۔	آل احمد سرور	نظر اور نظریے	دہلی	۱۹۷۲ء
۱۱۔	آل احمد سرور	نئے اور پرانے چراغ	لکھنو	۱۹۴۶ء
۱۲۔	آل احمد سرور	اقبال کا نظریہ شعری	دہلی	۱۹۹۹ء
۱۳۔	آل احمد سرور	اقبال کے مطالعے کے تناظرات	سری نگر	۱۹۷۸ء
۱۴	آل احمد سرور	ہندوستانی مسلمان اور مجیب صاحب ایک تنقیدی جائزہ	دہلی	۱۹۸۹ء

۱۵۔	آل احمد سرور	رشید احمد صدیقی کے خطوط	علی گڑھ	۱۹۹۶ء
۱۶۔	آل احمد سرور	سلسبیل	علی گڑھ	۱۹۳۵ء
۱۷۔	آل احمد سرور	ذوق جنوں	لکھنو	۱۹۵۵ء
۱۸۔	آل احمد سرور	خواب اور خلش	دہلی	۱۹۹۱ء
۱۹۔	آل احمد سرور	لفظ	دہلی	۲۰۰۶ء
۲۰۔	آل احمد سرور	عرفان غالبؔ	علی گڑھ	۱۹۷۳ء
۲۱۔	آل احمد سرور	اردو شعریات (مرتبہ)	سری نگر	۱۹۸۷ء
۲۲۔	آل احمد سرور	اردو فکشن (مرتبہ)	علی گڑھ	۱۹۷۳ء
۲۳۔	آل احمد سرور	انتخاب مضامین سرسید (مرتبہ)	علی گڑھ	۱۹۹۰ء
۲۴۔	آل احمد سرور	جدید دنیا میں اسلام مسائل اور امکانات (مرتبہ)	سری نگر	۱۹۸۳ء
۲۵۔	آل احمد سرور	جدیدیت اور ادب (مرتبہ)	علی گڑھ	۱۹۶۹ء
۲۶۔	آل احمد سرور	شعرائے عصر کا انتخاب جدید (مرتبہ)	دہلی	۱۹۴۲ء
۲۷۔	آل احمد سرور	ہندوستان میں تصوف (مرتبہ)	سری نگر	۱۹۸۷ء
۲۸۔	احتشام حسین سید	تنقیدی نظریات	لکھنو	۱۹۷۴ء
۲۹۔	احتشام حسین سید	ادب اور سماج	۔	۔
۳۰۔	احتشام حسین سید	اعتبار نظر	۔	۔
۳۱۔	احتشام حسین سید	تنقید و عملی تنقید	۔	۔
۳۲۔	احتشام حسین سید	تنقیدی جائزے	لکھنو	۱۹۷۸ء
۳۳۔	احتشام حسین سید	ذوق ادب اور شعور	لکھنو	۱۹۷۸ء
۳۴۔	ابو محمد سحر	تنقید و تجزیہ	الہ آباد	۱۹۶۱ء

۳۵۔	اختر اورینوی	تحقیق وتنقید	پٹنہ	۔
۳۶۔	اطہر پرویز	ادب کا مطالعہ	علی گڑھ	۱۹۶۴ء
۳۷۔	اعجاز حسین ڈاکٹر	ادب اور ادیب	لکھنو	۱۹۷۹ء
۳۸۔	اعجاز حسین ڈاکٹر	مختصر تاریخ ادب اردو	الہ آباد	۱۹۸۴ء
۳۹۔	اکبر علی بیگ پروفیسر	خوش نفساں	حیدرآباد	۱۹۸۳ء
۴۰۔	امتیاز احمد	آل احمد سرور شخصیت اور فن (مرتبہ)	دہلی	۱۹۹۷ء
۴۱۔	الطاف حسین حالیؔ	مقدمہ شعر وشاعری	لکھنو	۱۹۸۸ء
۴۲۔	جمیل جالبی	ارسطو سے ایلیٹ تک	دہلی	۱۹۸۲ء
۴۳۔	حامدی کاشمیری	اردو تنقید (مرتبہ)	دہلی	۱۹۹۷ء
۴۴۔	خلیق انجم	پروفیسر آل احمد سرور شخصیت اور ادبی خدمات کتاب نما کا خصوصی شمارہ (مرتبہ)	دہلی	۱۹۹۲ء
۴۵۔	خلیل الرحمن اعظمی	اردو میں ترقی پسند ادبی تحریک	علی گڑھ	۱۹۷۹ء
۴۶۔	سلیمان اطہر جاوید	تنقیدی افکار	دہلی	۱۹۹۲ء
۴۷۔	سلیمان اطہر جاوید	غالب کے چند نقاد	دہلی	۱۹۹۵ء
۴۸۔	سلام سندیلوی	ادب کا تنقیدی مطالعہ	دہلی	۱۹۶۱ء
۴۹۔	سردار جعفری	ترقی پسند ادب	علی گڑھ	۱۹۵۱ء
۵۰۔	سنبل نگار	اردو نثر کا تنقیدی مطالعہ	دہلی	۲۰۰۳ء
۵۱۔	سید صفی مرتضیٰ	ہمارے نثر نگار	دہلی	۱۹۹۲ء
۵۲۔	سید محمد نواب کریم	اردو تنقید حالی سے کلیم تک	دہلی	۱۹۹۳ء
۵۳۔	سید عبداللہ	اشارات تنقید	دہلی	۱۹۹۰ء
۵۴۔	سیدہ جعفر پروفیسر	تاریخ ادب اردو عہد میر سے ترقی پسند تحریک تک	حیدرآباد	۲۰۰۲ء

۵۵۔	سیدہ جعفر پروفیسر	مہک ومحک	حیدرآباد	۱۹۹۵ء
۵۶۔	شارب ردولوی	جدید اردو تنقید اصول ونظریات	لکھنو	۱۹۹۹
۵۷۔	شارب ردولوی	آزادی کے بعد دہلی میں اردو تنقید	دہلی	۱۹۹۹ء
۵۸۔	شارب ردولوی	تنقیدی مطالعے	لکھنو	۱۹۷۲ء
۵۹۔	شارب ردولوی	جدید تنقیدی نظریات	دہلی	۱۹۹۶ء
۶۰۔	شارب ردولوی	معاصر اردو تنقید مسائل اور میلانات	دہلی	۱۹۹۴ء
۶۱۔	شاہد ماہلی	آل احمد سرور دانشور نقاد وشاعر	دہلی	۱۹۹۷ء
۶۲۔	شمس الرحمن فاروقی	تحفۃ السرور (مرتبہ)	دہلی	۱۹۸۵ء
۶۳۔	شمس الرحمن فاروقی	تنقیدی افکار	دہلی	۔
۶۴۔	شمس الرحمن فاروقی	شعر، غیر شعر اور نثر	الہ آباد	۱۹۷۳ء
۶۵۔	شمس الرحمن فاروقی	لفظ ومعنی	دہلی	۔
۶۶۔	صابرہ سعید	اردو میں خاکہ نگاری	حیدرآباد	۔
۶۷۔	عابد النساء	پروفیسر آل احمد سرور حیات اور ادبی خدمات	حیدعرآباد	۱۹۸۰ء
۶۸۔	عاصمہ وقار	مجموعہ تنقیدات (مرتبہ)	لاہور	۱۹۹۶ء
۶۹۔	عبادت بریلوی	اردو تنقید نگاری	دہلی	۔
۷۰۔	عبادت بریلوی	اردو تنقید کا ارتقاء	علی گڑھ	۱۹۹۶ء
۷۱۔	عبادت بریلوی	تنقیدی تجزیے	۔	۔
۷۲۔	عبادت بریلوی	تنقیدی زاویے	۔	۔
۷۳۔	عرشیہ جبین ڈاکٹر	شارب ردولوی شخصیت اور تنقید نگاری	حیدرآباد	۲۰۰۵ء
۷۴۔	عزیز احمد (مترجم)	بوطیقا از ارسطو	۔	۔
۷۵۔	عزیز احمد	ترقی پسند ادب	دہلی	۔

۷۶۔	قمر رئیس، سید عاشور کاظمی (مرتبہ)	ترقی پسند ادب پچاس سالہ سفر	دہلی	۱۹۸۷ء
۷۷۔	کلیم الدین احمد	اردو تنقید پر ایک نظر	پٹنہ	۱۹۸۳ء
۷۸۔	گوپی چند نارنگ	ادبی تنقید اور اسلوبیات	علی گڑھ	۱۹۸۹ء
۷۹۔	گیان چند جین	تحقیق کا فن	لکھنو	۱۹۹۰ء
۸۰۔	گیان چند جین	پرکھ اور پہچان	دہلی	
۸۱۔	محمد احسن فاروقی ڈاکٹر	اردو میں تنقید	۔	۔
۸۲۔	محمد ضیا الدین انصاری	آل احمد سرور کے تبصرے (مرتبہ)	پٹنہ	۲۰۰۳ء
۸۳۔	محمد حسن ڈاکٹر	ادبی تنقید	لکھنو	۱۹۵۴ء
۸۴۔	مجنوں گورکھپوری	ادب اور زندگی	۔	۔
۸۵۔	مجنوں گورکھپوری	تنقیدی حاشیے	۔	۔
۸۶۔	محی الدین قادری زور	روح تنقید	۔	۔
۸۷۔	مغنی تبسم مدیر	ادبی تنقید کتاب برائے ایم اے اردو عثمانیہ یونیورسٹی	حیدرآباد	۔
۸۸۔	نورالحسن نقوی	فن تنقید اور تنقید نگاری	علی گڑھ	۱۹۸۱ء
۸۹۔	نورالحسن نقوی	تاریخ ادب اردو مرتبہ	علی گڑھ	۲۰۰۳ء
۹۰۔	وزیر آغا	نئے تناظر	الہ آباد	۱۹۷۹ء
۹۱۔	وقار عظیم	فن اور فنکار	۔	۔
۹۲۔	وقار عظیم	داستان سے افسانے تک	۔	

☆☆☆☆☆☆☆☆☆☆☆☆☆☆☆